AF667335

Ludger J. Löning

Integration von ethischen Grundsätzen in den Entscheidungsprozess des Unternehmers

Ansätze, Grenzen und empirische Beobachtungen

Ludger J. Löning

INTEGRATION VON ETHISCHEN GRUNDSÄTZEN IN DEN ENTSCHEIDUNGSPROZESS DES UNTERNEHMERS

Ansätze, Grenzen und empirische Beobachtungen

ibidem-Verlag
Stuttgart

Die Deutsche Bibliothek - CIP-Einheitsaufnahme:

Ein Titeldatensatz für diese Publikation ist bei
Der Deutschen Bibliothek erhältlich

∞

Gedruckt auf alterungsbeständigem, säurefreien Papier
Printed on acid-free paper

ISBN: 3-89821-094-4
© *ibidem*-Verlag
Stuttgart 2000
Alle Rechte vorbehalten

Das Werk einschließlich aller seiner Teile ist urheberrechtlich geschützt. Jede Verwertung außerhalb der engen Grenzen des Urheberrechtsgesetzes ist ohne Zustimmung des Verlages unzulässig und strafbar. Dies gilt insbesondere für Vervielfältigungen, Übersetzungen, Mikroverfilmungen und elektronische Speicherformen sowie die Einspeicherung und Verarbeitung in elektronischen Systemen.

Printed in Germany

für Dirk, Walter und Lucy

Vorwort

Die Neue Institutionenökonomie, die als Paradigma in den Wirtschaftswissenschaften stark an Bedeutung gewonnen hat, ist zweifellos intellektuell anspruchsvoll und besitzt zum Teil beachtlichen Erklärungswert. Das Menschen- und Weltbild, das wir durch das Arbeiten mit der Neuen Institutionenökonomie den Studierenden an der Universität implizit vermitteln, ist – sofern dies unreflektiert geschieht – gleichwohl bedenklich. Das modellhafte Menschenbild der Klassik, das auf die Maximierung materiellen Wohlstands fokussierte, wird nämlich nunmehr erweitert dadurch, dass die wissenschaftlichen Modelle Betrug, Drückebergerei und ähnliches zulassen. Es wird thematisiert, ob und wie man sich mit (unvollständigen) Verträgen vor solchen Mitmenschen schützen kann. Im Vergleich zu *cheating*, *shirking* und *moral hazard* nimmt die ebenfalls auf der Neuen Institutionenökonomie basierende Literatur zum Aufbau von Vertrauens- und Reputationskapital einen zu geringen Stellenwert ein.

In einer solchen Situation ist es besonders erfreulich, wenn sich junge Studierende daran erinnern, dass man den Menschen ganz anders sehen kann, nämlich als Jemanden, der Wertvorstellungen besitzt und diese bestmöglich in seinem Leben umzusetzen trachtet. Herr Löning hat sich im Rahmen seiner Diplomarbeit, die er im Jahre 2000 an der Professur für Mittelstandsökonomie der Universität Trier verfasst hat, einer Thematik aus diesem in der Betriebswirtschaftslehre zu wenig beachteten Sachgebiet angenommen. Er ist der wichtigen Frage nachgegangen, ob und inwieweit ethische Grundsätze in den Entscheidungsprozess von Unternehmern integriert werden können. Auch wenn die Arbeit an manchen Stellen Anlass zu weitergehender Diskussion geben mag, zeichnet sie sich durch ein hohes Maß an Stringenz, Fachkenntnis und insbesondere kritischer Reflexion einschlägiger ethischer Lehrmeinungen aus.

Trier, den 28. November 2000 — Univ.-Prof. Dr. Axel G. Schmidt

Wie nun das viele Lesen und Lernen dem eigenen Denken Abbruch tut; so entwöhnt das viele Schreiben und Lehren den Menschen von der Deutlichkeit und eo ipso Gründlichkeit des Wissens und Verstehens; weil es ihm nicht die Zeit lässt, diese zu erlangen. Da muß er dann, in seinem Vortrage, die Lücken seines deutlichen Erkennens mit Worten und Phrasen ausfüllen. Dies ist es, was die meisten Bücher so langweilig macht, und nicht die Trockenheit des Gegenstandes.

Arthur Schopenhauer

Inhaltsverzeichnis

Seite

A. Einleitung

I. Zur Bedeutung ethischer Wertorientierungen

Die klassische Antwort auf die Frage nach einem Zusammenhang zwischen Ethik und Eigeninteresse lautet seit Adam Smith, dass nicht die Sorge um das Wohlergehen der Mitmenschen den Wohlstand der Allgemeinheit fördert, sondern Eigennutz. Unternehmerische Interessen, unter anderem ausgedrückt in dem Streben nach Gewinn, werden durch Marktkräfte zu dem sozialen Gut Effizienz transformiert; eine Abkehr davon bewirkt in der Regel stärkere negative wie positive Folgen.[1]

Die Einfachheit und Klarheit dieser normativen Richtschnur beweist allerdings noch nicht deren unbegrenzte Geltung. Für die Funktionsfähigkeit von Märkten bedeutsam sind Voraussetzungen, die nicht immer und in jedem Fall zutreffen müssen. So wird unter anderem eine ausreichende Anzahl an Wirtschaftsakteuren benötigt, die hinreichend gut informiert sind. Darüber hinaus entziehen sich Güter und Handlungen, die keinen Preis besitzen, dem Mechanismus der unsichtbaren Hand. Marktversagen in Form negativer externer Effekte oder die Existenz von Dilemma-Situationen können zur Folge haben, dass unternehmerisches Eigeninteresse nicht zu dem gewünschten Wohlergehen der Allgemeinheit führt.

Offenbar sind die Grenzen der Harmonieprämisse von Smith, wie beispielsweise Umweltschäden oder unlautere Wettbewerbspraktiken zeigen, auch in der Realität zu beobachten. Über den freien Wettbewerb hinaus scheinen deshalb besondere Regeln notwendig zu sein. Neben der

---

1 Vgl. *Smith* (1776/1993), S. 17 und 370f. Um Smiths berühmte Textpassagen rankt sich eine ausgedehnte Kontroverse, da die Auffassung vertreten wird, dass Smith aufgrund der Ausblendung seiner moralphilosophischen Gedanken einseitig und damit unzulässig interpretiert wird. Neben dem Wettbewerb wird bei Smith eigennütziges Verhalten durch ein Gefühl der Sympathie, dem Empfinden für Gerechtigkeit sowie durch staatliche Gesetze in Schranken gehalten. Vgl. *Blümle* (1994), o.S.; *Sen* (1987), S. 22ff.

Bedeutung ordnungspolitischer Richtlinien wird vielfach darauf hingewiesen, dass die Befolgung ethischer Grundsätze die Funktions- und Entwicklungsfähigkeit einer Marktwirtschaft positiv beeinflusst.[2]

Häufig genannt werden in diesem Zusammenhang Transaktionskosten. Wirtschaftliche Aktivitäten werden größtenteils vertraglich abgewickelt. Verträge eröffnen aufgrund von Unvollständigkeiten und Unsicherheiten die Möglichkeit opportunistischer Handlungsweisen der Vertragspartner. Ohne ein Mindestmaß an Vertrauen und Glaubwürdigkeit dürfte eine Vielzahl unternehmerischer Transaktionen gar nicht durchführbar sein, da es nahezu unmöglich oder sehr zeit- und kostenaufwendig ist, alle vertraglichen Vereinbarungen und Eventualitäten zu regeln. Daneben können durch eine Nichteinhaltung ethischer Wertorientierungen infolge von Informations-Asymmetrien Phänomene wie *moral hazard* oder *adverse selection* entstehen, die ebenfalls die Funktionsfähigkeit von Märkten beeinträchtigen.[3]

Moralisches Handeln kann aus einer gesamtwirtschaftlichen Perspektive heraus als „Korrektiv gegen Marktversagen" verstanden werden.[4] Das Leistungspotenzial des Marktmechanismus wird erhöht, wenn durch Ethik die Wahrscheinlichkeit von Marktversagen und der damit verbundene Übergang zu staatlicher Zwangskoordination reduziert wird. Dies setzt

---

2 Vgl. *Müller-Groeling* (1996), S. 548ff. sowie *Sautter* (1990), insbesondere S. 97ff., der aufgrund einer von ihm als „ambivalent" charakterisierten Wirtschaftspolitik die These vertritt, dass ganz wesentlich kulturspezifische Moralvorstellungen den Entwicklungsprozess in Taiwan begünstigt haben.

3 *Moral hazard* beschreibt die Versuchung, nach Vertragsabschluss zum eigenen Vorteil zu handeln. Bei *adverse selection* handelt es sich um einen vor Vertragsabschluss stattfindenden Ausleseprozess, der den Markt für gute Qualitäten zusammenbrechen lässt.

4 Vgl. *Koslowski* (1988), S. 22ff. Obwohl diese Auffassung einleuchtet, entsteht ein grundlegendes Dilemma. Wird Ethik zur Beseitigung von Marktfehlern verstanden, kommt ihr lediglich eine „Lückenbüßerfunktion" zu. Vgl. *Kötter* (1995), S. 108f. und S. 122ff.

aber Einstellungen der Wirtschaftsakteure voraus, die vielfach über den bloßen Eigennutz hinausgehen.

II. Problemstellung: Der Zusammenhang zwischen Erfolg und Ethik

Die Einsicht in die Notwendigkeit moralischen Handelns sowohl aus gesamtwirtschaftlicher Perspektive wie aus einer Reihe individueller Motive ist im unternehmerischen Einzelfall keinesfalls zwingend. Durch unmoralisches Verhalten können sich für Unternehmer unter Umständen Vorteile ergeben.[5] Im Sinne eines Trittbrettfahrers befindet sich ein Unternehmer zumindest kurzfristig dann in der besten Situation, wenn alle außer ihm selbst moralisch handeln. An ethischen Grundsätzen orientierte unternehmerische Entscheidungen können in einem solchen Fall durch Marktprozesse bestraft werden. In der öffentlichen Diskussion wird daher häufig die Unvereinbarkeit von ethischen Werten und unternehmerischen Interessen hervorgehoben. Für ethische Überlegungen ist im „harten Geschäftsalltag“ vielfach kein Platz vorhanden: Moralisches Handeln ist zwar wertvoll, im Konfliktfall muss allerdings aufgrund zusätzlicher Kostenbelastungen dem Wettbewerbsdruck nachgegeben werden.[6]

Die Trittbrettfahrer-Problematik im Auge behaltend, wird in der vorliegenden Arbeit der Zusammenhang zwischen unternehmerischem Erfolg und der gleichzeitigen Beachtung ethischer Grundsätze untersucht. Ein besonderer Schwerpunkt der Untersuchung soll auf dem *möglichen* Zielkonflikt zwischen Ethik und unternehmerischem Erfolg liegen, da gerade solche Situationen Unternehmer in schwierige Entscheidungs-

---

5 Vgl. *Koslowski* (1987), S. 12

6 Vgl. etwa *Steinmann/Löhr* (1994), S. 27; *Lammers/Schmitz* (1995), S. 11

konflikte versetzen können. Unter Erfolg wird im Rahmen dieser Arbeit der Erreichungsgrad der jeweiligen Unternehmensziele verstanden.[7]

In der Literatur wird vielfach ein Konflikt zwischen dem unternehmerischen Erfolg und Ethik anhand des Gewinnziels thematisiert. Nach Auffassung des Autors greift diese Problemstellung zu kurz. Neben finanziellen Zielsetzungen, wie etwa der Gewinnorientierung oder Einkommens- und Vermögensstreben, können auch eine Reihe von nichtfinanziellen Motiven, wie beispielsweise Macht oder Prestige, eine bedeutsame Rolle spielen. Daneben ist es fraglich, ob anhand eines einzigen, vergangenheitsbezogenen Kriteriums tatsächlich Aussagen über die Leistungsfähigkeit eines Unternehmens abgebildet werden können.

Voraussetzung für eine Auseinandersetzung mit dieser Problemstellung ist, dass überhaupt ein Entscheidungsspielraum vorhanden ist. Entscheidungsfreiheit ist dann nicht gegeben, wenn unternehmerisches Handeln durch wirtschaftliche, rechtliche oder andere Rahmenbedingungen vollständig determiniert wird. Wird etwa behauptet, dass marktwirtschaftliche Wettbewerbszwänge den Handlungsspielraum für Unternehmer vollkommen determinieren, lassen sich ethische Überlegungen nicht in unternehmerische Entscheidungen integrieren.[8] Ohne ein gewisses Maß an

---

7 Vgl. *Höflacher* (1998), S. 1422f.; *Jenner* (2000), S. 326ff. Bei der Erfolgsmessung besteht ein fehlender Konsens nicht nur hinsichtlich der jeweiligen Kriterien, Bezugsgrößen und Zeitdimension, sondern auch bezüglich der verwendeten Perspektive, die in der Regel den Blickwinkel des Eigentümers des Unternehmens einnimmt. Schwierig gestaltet sich weiterhin die Operationalisierung der Erfolgsmessung sowie die Vergleichbarkeit von Studien. Erfolg lässt sich somit nur näherungsweise ermitteln. Zu anderen Ansätzen der Bestimmung des unternehmerischen Erfolges vgl. *Staehle* (1990), S. 411ff. Zu einer Einschätzung des Zielansatzes vgl. *Haedrich/Gussek/Tomczak* (1990), S. 212f.; *Jenner* (2000), S. 330

8 Vgl. *Friedman* (1970), S. 217ff. Seine provokante Behauptung lautet, dass die soziale Verantwortung von Unternehmen ausschließlich im Gewinnstreben zu suchen ist. Aus wohlfahrtstheoretischen Überlegungen ist ein Zustand, in dem gewinnmaximierende Unternehmer Handlungsspielräume haben, gesamtwirtschaftlich scheinbar ineffizient. Vgl. *Kötter* (1995), S. 110

Handlungsfreiheit ist Ethik sinnlos. An dieser Stelle wird daher die Auffassung vertreten, dass Unternehmern ein Handlungsspielraum zur Verfügung steht, der eine thematische Auseinandersetzung mit dem Zielkonflikt grundsätzlich ermöglicht.

Ausgegangen wird von dem Entscheidungsverhalten eines Individuums. Durch die Annahme, dass die Unternehmensleitung nur durch einen Entscheidungsträger repräsentiert wird, kann eine Ausweitung der Problemstellung auf kollektive Entscheidungsprozesse, spezifische Verhaltensmuster von bezahlten Managern in formalen Organisationsstrukturen oder die Frage nach der ethischen Verantwortung einer juristischen Person vermieden werden.[9]

III. Zielsetzung: Ansatzpunkte zur Auflösung eines Konflikts

Gegenstand dieser Arbeit ist es *nicht* zu untersuchen, welche Entscheidung im Konfliktfall zwischen moralischem Handeln und unternehmerischer Erfolgsorientierung getroffen werden *soll*. Diese Frage ist abhängig von der spezifischen Konfliktsituation sowie von individuellen Präferenzen, Moralvorstellungen und Handlungsspielräumen. Anstatt Empfehlungen abzugeben wird versucht, mögliche Handlungsoptionen zu analysieren. Zielsetzung dieser Arbeit ist, nachfolgende untersuchungsleitende Fragestellungen in allgemeiner Form zu klären:

1. Inwiefern sind unternehmerischer Erfolg und ethische Grundsätze miteinander kompatibel?

---

9 Der Fall, dass Unternehmensleitung und Entscheidungsträger in einer Person zusammenfallen, dürfte in besonderer Form auf den Eigentümer-Unternehmer in kleinen und mittelgroßen Unternehmen zutreffen. Zu dem Problem, ethische Überlegungen in größeren organisatorischen Einheiten zu berücksichtigen vgl. beispielsweise *Steinmann* (1994), S. 146ff.

2. Inwiefern können im Sinne einer Auflösung des Zielkonflikts ethische Überlegungen in unternehmerischen Entscheidungen berücksichtigt werden?

3. Halten Unternehmer, die mit ethischen Entscheidungskonflikten konfrontiert sind, die unter (1.) und (2.) identifizierten Ansatzpunkte zur Auflösung des Zielkonflikts für praktikabel?

IV. Methodisches Vorgehen

Mit der Frage nach der Kompatibilität von Ethik und Erfolg beschäftigt sich Kapitel C. Da eine Beantwortung abhängig von den zugrunde liegenden ethischen Überzeugungen ist, setzt sich Kapitel B zunächst mit Grundformen ethischer und moralischer Argumentation auseinander. Diese stellen gleichzeitig eine Basis für die nachfolgenden Kapitel dar. Für den Fall einer Unvereinbarkeit von Ethik und Erfolg untersucht Kapitel D im Sinne der zweiten Frage drei ausgewählte unternehmensethische Konzeptionen, die sich mit dem Zielkonflikt auseinandersetzen.[10] Unter anderem aufbauend auf einer kritischen Analyse dieser Entwürfe entwickelt Kapitel E Ansatzpunkte, die auf eine Auflösung des Zielkonflikts hinwirken können und zusätzliche Handlungsoptionen aufzeigen. Zur Beantwortung der dritten Frage werden Kapitel E empirische Beobachtungen ausgewählter Studien hinzugefügt, ergänzt durch zwölf qualitative Interviews, welche im Rahmen dieser Arbeit vom Autor durchgeführt wurden.

Bei der Beantwortung der Fragestellungen zwei und drei wird unterstellt, dass die moralische Norm eindeutig und bereits bekannt ist. Wie diese

---

10 Unter dem Begriff Unternehmensethik kann die ethische Reflexion der Entscheidungsfindung und des Handelns von Unternehmen verstanden werden. Vgl. *Grabner-Käuter* (1998), S. 15. Zu der Frage, ob es überhaupt sinnvoll ist, einen solchen Teilbereich der Ethik abzugrenzen vgl. kritisch *Enderle* (1983), S. 8

zustande gekommen ist, wird nicht betrachtet. Gegenstand der Untersuchung ist, welche *Möglichkeiten* sich unternehmerischen Entscheidungsträgern im Falle eines Zielkonflikts ergeben, nicht aber, wie moralische Überzeugungen gerechtfertigt werden können. Durch diese Vereinfachung sollen Uneindeutigkeiten vermieden werden, die eine Integration von ethischen Überlegungen in den unternehmerischen Entscheidungsprozess erheblich erschweren.

Tatsächlich stellt jedoch die ernsthafte Prüfung von Entscheidungen auf ihre moralische Qualität bereits einen ersten Schritt hinsichtlich einer Konkretisierung des Entscheidungsproblems und damit auch der Auflösung des Konflikts dar. Ohne eine sorgfältige Analyse besteht sonst die Gefahr, sich mit Ansprüchen zu beschäftigen, die nur scheinbar das Prädikat „moralisch" verdienen. Das nachfolgende Kapitel widmet sich daher der Frage, nach welchen Kriterien eine Entscheidung hinsichtlich ihres moralischen Gehalts beurteilt werden kann.

B. Grenzen ethischer und moralischer Argumentation

Bei der Analyse von moralischen Fragestellungen können sich eine Reihe von anwendungsbezogenen Schwierigkeiten ergeben. Dieses Kapitel zeigt, dass die eindeutige Überprüfung der moralischen Qualität von Entscheidungen kompliziert ist. Durch die Existenz moralischer Dilemmata, bei denen zwei oder mehrere gültige moralische Normen miteinander in Konflikt stehen, können häufig keine eindeutigen Antworten mehr ermittelt werden. Um diese Schwierigkeiten nicht zu übergehen, ist es Ziel der nachfolgenden Abschnitte, auf Grenzen von Ethik und Moral hinzuweisen.

I. Begriffliche Grundlagen

Der Begriff Ethik leitet sich ursprünglich aus dem griechischen Wort *ethos* ab. Ethik bezeichnet vor allem die Gewohnheit, die Sitte oder den Brauch.[11] Dies bringt zum Ausdruck, dass ein an allgemein anerkannten Wertvorstellungen ausgerichtetes Handeln bereits eine bestimmte Qualität besitzt. Ursprünglich bestimmt Ethik den gewohnten Aufenthaltsort. Im engeren und eigentlichen Sinne kann unter Ethik die sittliche Gesinnung oder der Charakter verstanden werden, womit die Forderung ausgedrückt wird, Wertmaßstäben nicht fraglos zu folgen, sondern vielmehr aus Einsicht und Überlegung zu handeln. Moral leitet sich aus dem lateinischen Wort *mos* ab und ist eine Übersetzung von *ethos* im Sinne von Sitte oder Charakter.

Im allgemeinen Sprachgebrauch werden Ethik und Moral häufig als Synonyme verwendet, was aufgrund ihrer etymologischen Herkunft und in sachlicher Hinsicht nicht unberechtigt ist. Der Literatur folgend wird innerhalb dieser Arbeit versucht, die beiden Begriffe genauer voneinander abzugrenzen. Ethik bezeichnet die Lehre vom „guten und richtigen

---

11 Vgl. hierzu sowie zu den folgenden Ausführungen *Pieper* (1991), S. 17ff. und S. 156ff.; *Frankena* (1994), S. 17ff.

Handeln“ und versteht sich als philosophische Reflexion über Moral. Mit der Moral zusammenhängende Fragen werden auf einer allgemeinen, höheren Ebene analysiert, indem rein formal Kriterien geschaffen werden, deren Erfüllung eine Handlung unabhängig von ihrem Inhalt als moralisch kennzeichnet. Moral bezieht sich auf beobachtbare einzelne Handlungen und prüft, was im konkreten Einzelfall getan werden soll. Eine Abgrenzung der beiden unterschiedlichen Reflexionsniveaus ist somit in vielen Fällen möglich.

II. Moralische Argumentationsformen

Abbildung eins vermittelt einen Überblick zu verschiedenen Grundtypen moralischer Argumentation. Durch den Hinweis auf Tatsachen, Gefühle, das Gewissen, mögliche Folgen sowie einen Moralkodex oder eine moralische Kompetenz wird versucht, die moralische Qualität einer Handlung zu rechtfertigen. Aus der Darstellung ist ersichtlich, dass jede der fünf ausgewählten Rechtfertigungsmittel mit Problemen behaftet ist. Häufig werden diese Argumentationsformen nicht voneinander getrennt, sondern miteinander vermischt. Im Rahmen eines Diskurses wird versucht, die zur Diskussion stehenden Handlungen „mit guten Gründen“ zu verteidigen. Dabei ist das Ergebnis der Debatte offen. Im Idealfall sind die angeführten Argumente überzeugend oder lassen zumindest eine moralische Absicht erkennen. Möglich ist allerdings auch, dass keine Einigung stattfindet. Moralische Überzeugungen liefern somit nicht immer eindeutige Antworten nach dem „guten und richtigen Handeln“. Vielmehr sind verschiedene Antworten möglich, die unterschiedlich rechtfertigbar und von jeweils unterschiedlicher Qualität sein können. Festzuhalten ist daher, dass die Bedeutung von Moral vor allem darin liegen dürfte, den Bereich zu markieren, innerhalb dessen Antworten formuliert werden können, um dadurch eine Hilfestellung für Entscheidungen zu gewähren.

Abbildung 1: Grundformen moralischer Argumentation

Argumentations-typen	Begründungsversuche	Probleme
Bezugnahme auf ein Faktum	Durch den Rekurs auf eine Tatsache soll die Rechtmäßigkeit einer Handlung garantiert werden	(a) Besteht keine allgemein verbindliche Anerkennung, wird die Begründung als unzureichend abgelehnt; (b) die aus dem Faktum abgeleitete Norm ist zweifelhaft
Bezugnahme auf einen Moralkodex oder eine moralische Kompetenz	Durch den Rekurs auf einen Moralkodex, anerkannte Autoritäten oder Instanzen wird die verbindliche Geltung einer Norm unterstellt	(a) Die Begründung wird nur von den Mitgliedern einer bestimmten Gemeinschaft anerkannt; (b) es besteht kein Konsens über die Gültigkeit einer solchen Norm; (c) Normen können sich im Zeitverlauf ändern
Bezugnahme auf Gefühle	Die Rechtmäßigkeit einer Handlung oder eines Urteils basiert auf einem Gefühl von dem erwartet wird, dass dieses von Dritten geteilt wird	(a) Das Gefühl wird nicht von der Allgemeinheit geteilt; (b) dient der Manipulation; (c) basiert selbst auf zweifelhaften Werten
Bezugnahme auf das Gewissen	Eine Handlung ist dann gerechtfertigt, wenn sie mit dem Gewissen vereinbar ist	(a) Es ist unklar, was unter Gewissen genau zu verstehen ist; (b) das Gewissen ist nicht unfehlbar, da es unterschiedlichen Einflüssen unterliegt; (c) es handelt sich aus Sicht Dritter um einen Willkürakt, da die Begründung nicht nachvollzogen werden kann
Bezugnahme auf mögliche Folgen	Eine Handlung ist dann gerechtfertigt, wenn sie individuell oder für alle Betroffenen das größtmögliche Maß an Nutzen (beziehungsweise das geringst mögliche Maß an Schaden) bewirkt	(a) Die Begründung einer Handlung aufgrund ihres Nutzens ist nicht immer hinreichend, da mögliche Folgen fragwürdig sein können; (b) der Nutzenbegriff ist individuell verschieden und kann aus lang- wie kurzfristiger Perspektive verschieden interpretiert werden; (c) der Nutzenbegriff ist zukunftsgerichtet und damit unsicher

Quelle: Eigener Entwurf auf der Basis von *Pieper* (1991)

III. Ausgewählte ethische Theorien

Die Auswahl der hier skizzierten ethischen Theorien erfolgt unter zwei Gesichtspunkten. Neben der Erläuterung wichtiger Grundlagen für die nachfolgenden Kapitel werden konträre, aber bedeutsame Theorieentwürfe dargestellt. Aufgrund seiner Herkunft ist der Utilitarismus vor allem im englischsprachigen Raum sowie in den Wirtschaftswissenschaften von maßgeblicher Bedeutung, das Universalisierbarkeitsprinzip sowie das Diskursverfahren scheinen im besonderen Maße im deutschsprachigen Raum moralische Vorstellungen zu prägen.[12]

1. Das utilitaristische Prinzip

Kriterium des Utilitarismus für die Verbindlichkeit von Moral ist das Prinzip der Nützlichkeit.[13] Eine Handlung ist moralisch gerechtfertigt, wenn sie das höchst mögliche Wohlergehen beziehungsweise den geringst möglichen Schaden aller Betroffenen zur Folge hat. Das klassische Konzept des Utilitarismus wird auf Jeremy Bentham zurückgeführt, wobei die Verpflichtung des Handelns auf Wohlergehen sich bereits im Hedonismus der antiken Ethik wiederfinden lässt. Als Wertmaßstab für das Wohlergehen gilt die Erfüllung menschlicher Bedürfnisse im Sinne von Glück oder Freude, wobei es dem einzelnen überlassen bleibt, was darunter genau zu verstehen ist. Beim Utilitarismus tritt allerdings ein sozialer Gesichtspunkt hinzu, da das Wohlergehen der Allgemeinheit gefördert werden soll. Der Utilitarismus enthält eine normative wie eine deskriptive Aussage. Neben

---

12 Max Weber hat idealtypisch eine Unterscheidung anhand der Begriffe Gesinnungs- und Verantwortungsethik eingeführt. Verantwortungsethik, wie etwa der Utilitarismus, bedenkt die Folgen. Gesinnungsethik, wie beispielsweise das Universalisierbarkeitsprinzip, den guten Willen im Sinne einer inneren Intention.

13 Vgl. zu den folgenden Ausführungen *Frankena* (1994), S. 54ff.; *Hare* (1997), S. 23ff.; *Höffe* (1984), S. 528ff.; *Pieper* (1991), S. 234ff.

einem Kriterium für Moral stellt Wohlergehen, so die Behauptung, eine psychologische Triebfeder für tatsächliches menschliches Handeln dar.

Der Utilitarismus setzt voraus, das Ausmaß an guten und schlechten Folgen zu bestimmen und gegeneinander abwägen zu können. Glückswerte von Handlungen können empirisch-rational durch ein hedonistisches Kalkül zunächst für jeden Betroffenen einzeln berechnet werden. Individuelle Glückswerte können dann zu einem gesellschaftlichen Gesamtnutzen aggregiert werden. Rational ist eine Handlung dann, wenn der Gesamtnutzen größer oder zumindest nicht kleiner ist als jede der anderen gegebenen Handlungsmöglichkeiten. Rationalität erhält somit einen normativen Charakter.[14]

Eine Weiterentwicklung und Verteidigung des Utilitarismus als ernst zu nehmende ethische Theorie finden maßgeblich durch John S. Mill und Henry Sidgwick statt. Mill weist unter anderem auf die qualitative Komponente des Hedonismus hin, nach der es verschiedene Arten von Wohlergehen gibt. Geistig-seelisches Wohlergehen ist nach seiner Auffassung körperlich-sinnlichen Freuden vorzuziehen. Nach Sidgwick gibt es zwei grundlegende Prinzipien menschlichen Handelns, das utilitaristische Prinzip und das Prinzip des rationalen Selbstinteresses. Für den Fall, dass es zwischen beiden Prinzipien zu einem Widerspruch kommt, erblickt Sidgwick die Lösung in der Annahme einer göttlichen Instanz, die eine Verfolgung des utilitaristischen Prinzips belohnt beziehungsweise eine Abweichung davon bestraft. Darüber hinaus finden sich bei Sidgwick Hinweise zu den Grenzen des Utilitarismus. Neben Problemen der Nutzenkalkulation ist Wohlergehen nicht der einzige Bestimmungsgrund für menschliches Handeln. Moralisches Handeln ist zudem nicht nur dem

---

[14] Das Arrow-Paradoxon weist darauf hin, dass Mehrheitsabstimmungen bei mehr als zwei Alternativen zu widersprüchlichen Rangfolgen führen können. Die Wahrscheinlichkeit für das Auftreten von solchen Widersprüchen steigt mit der Anzahl der Alternativen beziehungsweise Anzahl der Teilnehmer an.

Wohlergehen aller Betroffenen, sondern auch der Gerechtigkeit verpflichtet.[15]

Der zeitgenössische Utilitarismus bezieht das Prinzip der Nützlichkeit nicht mehr auf einzelne Handlungen, sondern auf Regeln. Gemäß dem Regelutilitarismus soll jede Handlung auf die Regel hin überprüft werden, die sie befolgt. Die Regel wiederum ist am Nutzenprinzip zu überprüfen. Eine Handlung ist dann moralisch verbindlich, wenn die Regel, unter der diese Handlung fällt, das Wohlergehen aller fördert. Unter dem Gesichtspunkt der Gerechtigkeit versagt allerdings auch der Regelutilitarismus. Eine bestimmte Regel kann zwar das Wohlergehen insgesamt vergrößern, aber trotzdem aufgrund von Verteilungsproblemen ungerecht sein, so dass eine weniger ergiebige Regel, die gerechter vorgeht, vorzuziehen ist.

2. Das Prinzip der Universalisierbarkeit

Zu der utilitaristischen Ethik stellt das auf Immanuel Kants kategorischen Imperativ zurückgehende Universalisierbarkeitsprinzip eine bedeutende Alternative dar.[16] Demnach ist es nicht Aufgabe der Ethik, situationsbezogene pragmatische Ratschläge zu erteilen, sondern eine universelle Regel zu finden, nach der Handlungen hinsichtlich ihrer moralischen Qualität beurteilt werden können. Dazu wurde von Kant der kategorische

---

15 John Rawls „Theorie der Gerechtigkeit“ kritisiert das auf dem Nutzenprinzip aufbauende utilitaristische Kalkül als ungerecht, da es nicht das Wohlergehen eines Individuums, sondern das der Mehrheit betrachtet. Auf der Grundlage philosophischer Vertragstheorien und der Entscheidungstheorie kommt er zu zwei Prinzipien der Gerechtigkeit im Sinne von Fairness: (i) Nach dem Prinzip der größten gleichen Freiheit werden für alle die gleichen, möglichst ausgedehnten Grundfreiheiten gefordert, durch die ein unantastbarer Raum der Selbstentfaltung geschaffen wird; (ii) Ungleichheiten können, soweit sie nicht den Bereich der Grundfreiheiten tangieren, moralisch gerechtfertigt sein, wenn prinzipiell für alle Chancengleichheit besteht und sich die individuellen Ungleichheiten zum Vorteil aller auswirken. Vgl. *Rawls* (1975), S. 60ff.; *Höffe* (1984a), S. 753ff. Zu einer ausführlichen Darstellung und Kritik an Rawls vgl. *Mack* (1994), S. 131ff.

16 Vgl. zu den nachfolgenden Ausführungen *Albrecht* (1994), S. 129ff.; *Frankena* (1994), S. 49ff.; *Höffe* (1984), S. 536ff.

Imperativ unter anderem in der Form formuliert, so zu handeln, dass die Maxime des eigenen Willens jederzeit zugleich als Prinzip eines allgemeinen Gesetzes gelten kann. Die moralische Urteilsbildung bleibt dabei dem einzelnen überlassen. Für Kant steht der Begriff des guten Willens im Mittelpunkt seiner Überlegungen, da eine Handlung nicht aus sich selbst oder durch ihre Folgen als moralisch qualifiziert werden kann, sondern durch den ihr zugrunde liegenden guten Willen.[17]

Kant bezieht den kategorischen Imperativ ausschließlich auf eine bestimmte Art von Regeln, nämlich Maximen im Sinne von selbst gesetzten Grundsätzen der Willensbildung, welche Art und Weise der Lebensführung bestimmen. Praktische Handlungen, die unter ein und dieselbe Maxime fallen, können durchaus verschieden sein. Eine freiwillige Handlung folgt stets einer formulierbaren Maxime. Die Beurteilung von Moral ist deshalb nur aufgrund von Maximen möglich, nicht aber aufgrund einzelner, situationsabhängiger Handlungen.

Das Verfahren der Verallgemeinerung sieht vor, im Rahmen eines Gedankenexperimentes zu prüfen, ob die zur Untersuchung stehende Maxime als ein allgemeines Gesetz gedacht und gewollt werden kann. Bei der Überprüfung einer Maxime auf ihre Universalisierbarkeit kommt es im Gegensatz zum Utilitarismus nicht auf empirische Kenntnisse oder auf eine Folgenabschätzung des allgemeinen Wohlergehens an. Vielmehr soll auf der Vernunft basierend die moralische Qualität einer Maxime geprüft werden. Einer Handlung ist das Prädikat „moralisch“ zuzumessen, wenn

---

[17] Kriterium für einen guten Willen ist nach Kant nicht die bloße Erreichung eines Zwecks, vielmehr zeichnet er sich durch die Achtung des Sittengesetzes und die Ausrichtung einer Handlung aus Pflicht an einer Maxime aus.

ohne Widerspruch gewollt werden kann, dass die betreffende Maxime unter ähnlichen Umständen von jedem befolgt wird.[18]

Dem Universalisierbarkeitsprinzip von Kant wird vorgeworfen, sehr abstrakt und rigoristisch vorzugehen. So ist es häufig ausgesprochen schwierig, nach dem Prinzip der Verallgemeinerung konkrete Handlungen auf ihre moralische Qualität zu untersuchen.[19] Daneben kann die Möglichkeit bestehen, dass unter spezifischen Umständen beispielsweise der Bruch eines Versprechens sinnvoll ist. Rigoristisch ist das Universalisierbarkeitsprinzip, wenn keine Ausnahmen für besondere Situationen zugelassen sind. Schließlich ist das Universalisierbarkeitsprinzip nicht frei von Schwierigkeiten, die sich aus dem Konflikt zwischen verschiedenen moralischen Pflichten ergeben können.

3. Das Diskursprinzip

Aufgrund eines universalistischen Anspruchs und der kritischen Distanz zum Utilitarismus besitzt das Diskursprinzip gewisse Gemeinsamkeiten mit dem Universalisierbarkeitsprinzip. Grundgedanke ist, unter grundsätzlicher Beachtung der Menschenwürde moralische Normen durch Übereinkunft zu erzielen. Zur Familie der Diskurstheorien gehören eine Reihe von zum Teil sehr unterschiedlichen Ansätzen. Im Rahmen dieser Arbeit

---

18 Kant führt das Verfahren der Verallgemeinerung an vier Beispielen vor, eines davon ist das Lügenverbot. Unterstellt wird der Fall, dass jemand ein Versprechen abgibt, es aber brechen will, sofern es seinen Zwecken dient. Nach Kants Meinung wird niemand ohne Widerspruch wollen, dass diese Maxime allgemein befolgt wird. Ein Versprechen beinhaltet eine Selbstverpflichtung, die bei einem falschen Versprechen nicht mehr gegeben ist. Als allgemeines Gesetz würde dies bedeuten, dass mit jeder Selbstverpflichtung zugleich keine Selbstverpflichtung verbunden ist. Das aber hebt ein Versprechen im Sinne einer Selbstverpflichtung auf und damit auch den Zweck, der mit dem Versprechen beabsichtigt wird. Kant folgert daraus, dass es moralisch nicht vertretbar ist, falsche Versprechen abzugeben. Wichtig ist in diesem Zusammenhang der Unterschied zu einer pragmatisch-utilitaristischen Argumentationsweise, die auf negative Folgen wie etwa den zu erwartenden Vertrauensverlust in die Institution des Versprechens hinweisen würde. Vgl. *Frankena* (1994), S. 50f.; *Höffe* (1984), S. 538

19 Vgl. *O'Neil* (1997), S. 181ff.

sind aber vor allem Karl-Otto Apels Gedanken zu einer idealen Kommunikationsgemeinschaft sowie der von Jürgen Habermas entwickelte Ansatz zur Theorie einer herrschaftsfreien Kommunikation von Bedeutung.[20]

Durch einen Diskurs sollen moralische Ansprüche begründet werden, die eine gewaltfreie, rationale und allgemein zustimmungsfähige Lösung von Konflikten ermöglichen und kultur- und zeitenunabhängig für alle Individuen in gleicher Weise gelten. Im Rahmen einer formalen Prozedur werden Inhalte der zu befolgenden Normen so lange zwischen den Betroffenen verhandelt, bis sich eine für alle akzeptable Handlungsregel ergibt.

Auf der ersten Argumentationsebene werden von den Diskursteilnehmern explizit oder implizit vorausgesetzte Geltungsansprüche hinsichtlich ihrer allgemeinen Verbindlichkeit in Frage gestellt. Auf der zweiten Argumentationsebene sollen die am Diskurs Beteiligten zu einem Konsens hinsichtlich einer konkreten situationsspezifischen Norm gelangen, welcher jedoch kein Zufallsereignis darstellen und allgemein zustimmungsfähig sein soll. Voraussetzung für einen solchen Diskurs ist eine herrschaftsfreie, zwanglose Sprechsituation.

Idealtypisch lassen sich bei dem Diskursprinzip zwei Formen unterscheiden. Im Rahmen eines realen Diskurses ist die tatsächliche Kommunikation zwischen den Betroffenen das höchste normative Kriterium. Hier ergeben sich unter Anwendungsgesichtspunkten eine Reihe von Schwierigkeiten. Aufgrund zeitlicher und räumlicher Restriktionen, der Existenz konsensunfähiger und benachteiligter Personengruppen, Irr-

---

20 Auf Unterschiede zwischen Apel und Habermas wird nicht eingegangen. Vgl. zu den folgenden Ausführungen *Höffe* (1984), S. 540ff.; *Pieper* (1991), S. 178ff.

tümern, Emotionen, Betrug und Gewalt können nicht immer alle Betroffenen ihr Anliegen angemessen zu Gehör bringen.

Diese Anwendungsprobleme werden durch einen idealen Diskurs umgangen, indem im Rahmen eines Gedankenexperiments versucht wird, die moralische Qualität einer Handlung zu ermitteln. Diskurse sind an bestimmte, von den jeweiligen Vertretern sehr unterschiedlich definierte Bedingungen geknüpft, wie beispielsweise ein gemeinsames Interesse zur Konfliktbewältigung. Sind diese erfüllt, können verbindliche Moralkriterien ermittelt werden.

Die Stärke des Diskursprinzips liegt in der Bereitstellung einer Methode zur Entwicklung konkreter moralischer Normen, die im Rahmen einer bestimmten Prozedur inhaltlich ausgefüllt werden. Problematisch ist neben den Anwendungsbedingungen zweierlei. Zum einen lässt sich einwenden, dass nicht jedes gemeinsame Reden und Überlegen in einer realen oder idealen Situation zu einem Konsens führen muss.[21] Zum anderen ergibt sich ein Problem, da die Bedingungen für einen solchen Diskurs selbst normativ sind. In die Definition der Voraussetzungen für Diskurse geht daher ein Maßstab mit ein, der erst im Rahmen eines Diskurses ermittelt werden müsste.[22]

IV. Zusammenfassung

Die moralische Beurteilung einer Handlung ist mit einer Reihe von Schwierigkeiten verbunden und dürfte stets Grenzen hinsichtlich ihrer Allgemeinverbindlichkeit unterliegen. Dies hängt nicht nur mit potenziell uneindeutigen Handlungsempfehlungen moralischer Argumentationen zu-

---

21 Neben dem Arrow-Paradoxon sein auf die Existenz von moralischen Dilemmata hingewiesen. Daneben stellt sich die Frage, ob Konsens nicht nur über die Gültigkeit von Normen, sondern auch über die Richtigkeit von Lösungen moralischer Konflikte erzielt werden kann.

22 Ausführlich *Höffe* (1984), S. 543

sammen, sondern auch mit der für deren Rechtfertigung jeweils verwendeten ethischen Theorie. Offensichtlich liefert keine der hier skizzierten ethischen Theorien derart plausible Kriterien dafür, dass die moralische Qualität einer Handlung zu jederzeit für jedermann eindeutig beurteilbar ist. Daraus ist aber nicht zu folgern, dass eine Auseinandersetzung mit Ethik und Moral grundsätzlich sinnlos ist.

Im Gegenteil: Ethik liefert wichtige Maßstäbe und Kriterien für die Beurteilung von Moral, die wiederum eine Hilfestellung für schwierige Entscheidungen darstellen kann. Welche moralische Qualität die jeweiligen Antworten und welchen Eignungsgrad eine ethische Theorie besitzt, ist eine andere Frage. Für den Fall, dass eine zweifelsfreie Begründung nicht möglich ist, lassen sich Argumente formulieren, die aus Klugheitsgesichtspunkten moralisches Handeln nahe legen können, wie das folgende Kapitel zeigt.

C. Wertorientierung als kluge Strategie

Der Frage, inwiefern Ethik und Erfolg miteinander vereinbar sind, widmen sich die nachfolgenden Abschnitte. Verschiedene Anhaltspunkte weisen darauf hin, dass die Berücksichtigung ethischer Überlegungen unter Umständen vorteilhaft für die Realisierung unternehmerischer Interessen ist. Im folgenden werden die Begriffe Wert beziehungsweise Wertorientierung anstatt von Moral und Ethik verwendet.[23] Die Verwendung dieses übergeordneten Begriffspaares trägt dem Gedanken Rechnung, dass unternehmerische Wertorientierungen ethische Ansprüche enthalten können, aber nicht zwangsläufig mit diesen übereinstimmen müssen.

I. Überwindung des Gefangenen-Dilemmas

Die Struktur des Gefangenen-Dilemmas leitet sich ursprünglich aus der Kronzeugenregelung ab. Um aufgrund einer schlechten Beweislage zwei Gefangene, die gemeinsam eine Straftat begangen haben, zu einem Geständnis zu bewegen, werden beide Gefangenen in getrennte Zellen eingewiesen. Weil sie sich – auch vorher – nicht verständigen können, ergibt sich folgendes Dilemma: Die für beide vorteilhafteste Strategie ist, die Straftat zu leugnen und dafür jeweils ein Jahr Gefängnis zu erhalten. Diese Strategie funktioniert jedoch nur, wenn beide gegenüber der Staatsanwaltschaft kooperieren. Die individuell günstigste Strategie ist hingegen, sich unkooperativ zu verhalten und das Verbrechen zu gestehen. Der Geständige erhält als Kronzeuge Straffreiheit, während der Komplize zu fünf Jahren verurteilt wird. Aufgrund der Anreizsituation führt dies letztlich dazu, dass beide gestehen und zu je drei Jahren verurteilt werden. Grundgedanke des Gefangenen-Dilemmas ist, dass der individuell vorteil-

---

23 Werte stellen Überzeugungen dar, die Handlungen beeinflussen, aber sehr verschiedene Ausprägungen annehmen können. Ist es möglich, Werte in Rangstufen zu ordnen, nehmen ethische Werte aufgrund ihres Anspruchs auf Allgemeinverbindlichkeit die höchste Rangordnung ein. Vgl. *Kleinfeld* (1999), o.S.

hafteste Zustand insgesamt betrachtet aufgrund der gegebenen Anreizstruktur zu kollektiver Selbstschädigung führen kann.[24]

Auch auf unternehmerischen Alltagssituationen lässt sich das Gefangenen-Dilemma beziehen.[25] Wertorientierung drückt sich in diesem Zusammenhang durch Kooperation aus, das Hintergehen des Geschäftspartners hingegen durch unkooperatives Verhalten. Durch das Gefangenen-Dilemma können sich Situationen ergeben, in der jedes Unternehmen versucht ist, den Geschäftspartner zu übervorteilen, wodurch sich beide Unternehmen aber insgesamt selbst schädigen. Beispielsweise kann durch eine Senkung der Produktpreise oder eine Erhöhung des Werbeetats angestrebt werden, kurzfristige Gewinnvorteile zu erzielen. Langfristig führt jedoch der Versuch, den individuellen Gewinn zu erhöhen zu dem Ergebnis, dass sich die Unternehmen in einer schlechteren Position wiederfinden als bei der Wahl einer kooperativen Strategie.[26]

Bei der Suche nach Möglichkeiten einer Überwindung des Gefangenen-Dilemmas stellt sich die Frage, wie kooperatives Verhalten, dass für alle die beste Lösung darstellen würde, erreicht werden kann, obwohl für jeden Akteur Anreize bestehen, unkooperativ zu handeln. Eine mögliche Antwort auf diese Frage ist die sogenannte Tit-for-Tat-Strategie, entwickelt von

---

24 Zur Herkunft des Gefangenen-Dilemmas vgl. *Leinfeller* (1986), S. 136. Zur Struktur und zu Erscheinungsformen vgl. *Locher* (1991), S. 19ff. Auf eine graphische Darstellung, die sich in der angegebenen Literatur findet, wird an dieser Stelle verzichtet. Das Gefangenen-Dilemma ist ein spieltheoretisches Modell, dass auf der Annahme rationaler Wahl beruht. Ökonomische Modelle rationaler Wahlhandlungen sind trotz ihrer analytischen Attraktivität nicht unumstritten. Zu einer kritischen Einschätzung vgl. *Braun* (1999), S. 29ff.

25 Das Gefangenen-Dilemma lässt sich für mehr als zwei Akteure modellieren. Vgl. dazu *Antonides* (1991), S. 254ff.; *Locher* (1991), S. 21f. Obwohl das Gefangenen-Dilemma ein wichtiges Analyseinstrument für bestimmte Zustände ist, weisen nicht alle Situationen die Struktur eines Gefangenen-Dilemmas auf. Vgl. zu anderen spieltheoretischen Dilemmata *Davis* (1993), S. 11ff.

26 Vgl. *Fontin* (1997), S. 64ff.; *Davis*, S. 106

Anatol Rapoport.[27] Dabei handelt es sich um eine interne Strategie zur Auflösung des Dilemmas, anwendbar für wiederholte Gefangenen-Dilemma-Situationen. Tit-for-Tat kooperiert immer in der ersten Runde und imitiert in den folgenden Runden das Verhalten des Gegenübers. Diese Strategie entspricht der alttestamentarischen Moralvorstellung, gleiches mit gleichem zu vergelten. Tit-for-Tat zeichnet sich durch vier charakteristische Elemente aus: Sie ist *nett*, da in der ersten Runde stets kooperiert wird; *provozierbar*, da im folgenden Zug unkooperatives Verhalten bestraft wird; *nachsichtig*, da Kooperation wieder aufgenommen werden kann und schließlich insgesamt betrachtet *klar*, da sie für alle Teilnehmer leicht zu durchschauen ist.[28]

Die Wirksamkeit von Tit-for-Tat wurde durch einen empirischen Test von Robert Axelrod eindrucksvoll belegt. Im Rahmen eines Turniers mit Zwei-Personen Gefangenen-Dilemma-Spielen wurden unterschiedliche Strategien in Form von Computerprogrammen von 14 Spieltheoretikern unterschiedlicher Wissenschaftsdisziplinen, darunter auch Rapoport, entwickelt. Jedes Programm spielte gegen die anderen Programme sowie gegen sich selbst. In Konfrontation mit anderen Strategien konnte Tit-for-Tat zwar nicht jedes Turnier gewinnen, schnitt aber insgesamt betrachtet am besten ab, da es Tit-for-Tat gelang, Kooperation zu fördern, gleichzeitig aber nicht ausgenutzt zu werden. Aufgrund dieser Erkenntnisse wurde ein zweiter Computerwettkampf durchgeführt, dessen 62 Teilnehmer über den vorherigen Erfolg von Tit-for-Tat informiert wurden. Siegreich war auch in diesem Fall die unveränderte Tit-for-Tat-Strategie. Dies ist insofern erstaunlich, da Tit-for-Tat das einfachste unter allen Programmen war und

---

27 Vgl. hierzu sowie zu den folgenden Ausführungen *Axelrod* (1987), S. 3ff. Zu alternativen Vorschlägen, die sich mit der Überwindung des Gefangenen-Dilemmas beschäftigen vgl. *Dixit/Nalebuff* (1995), S. 89ff.; *Davis* (1993), S. 109ff.; *Locher* (1991a), S. 60ff. Zu einer Kritik an experimentellen Gefangenen-Dilemma-Spielen vgl. *Dixit/-Nalebuff* (1995), S. 142ff.

28 Vgl. *Axelrod* (1987), S. 18 und 30ff.

die zugrunde liegende Kooperationsstrategie vielfach aufgegriffen und zu verbessern versucht wurde.[29]

Aufgrund der durchgeführten Computersimulationen ist Axelrods zentrale These für das Gefangenen-Dilemma, dass selbsttragende Kooperation durch eine Wiederholung des Spiels möglich wird. Kooperation kann aber nur erwartet werden, wenn es möglich ist, unkooperatives Verhalten zu bestrafen. Diese Einsichten werden von Axelrod auf Situationen, die dem Gefangenen-Dilemma ähneln, übertragen. Demnach ist bedingt kooperatives Verhalten, also Selbstbeschränkung im Sinne von Tit-for-Tat, auch in der Realität eine wirksame Strategie zur Auflösung des Gefangenen-Dilemmas.[30]

Die Erkenntnis, dass Eigeninteresse und bedingte Selbstbeschränkung durchaus miteinander kompatibel sein können, lässt sich auch auf unternehmensethische Fragestellungen übertragen. Da ein Unternehmen im Laufe seines Bestehens eine Vielzahl an Verträgen abschließt, in der Regel den Zeitpunkt des Abbruchs einer Geschäftsbeziehung jedoch nicht kennt, kann selbsttragende Kooperation im Sinne von Tit-for-Tat informell zustande kommen. Können durch Kooperationsstrategien Gefangenen-Dilemma-Situationen überwunden werden, nimmt langfristig möglicherweise auch das Erfolgspotenzial für alle beteiligten Unternehmen zu.[31] Wird Kooperation als ethische Wertorientierung aufgefasst, lässt sich daraus folgern, dass ein Zusammenfall von Erfolg und ethischen Grundsätzen auf Unternehmensebene möglich ist.

Obwohl durch Tit-for-Tat sehr bedeutsame konzeptionelle Grundlagen für die Möglichkeit kooperativen Verhaltens aufgezeigt werden, stellen sich

---

29 Vgl. *Axelrod* (1987), S. 28f. und 37f.

30 Vgl. die militärischen und evolutionsbiologischen Beispiele in *Axelrod* (1987), S. 67ff.

31 Ähnlich *Axelrod* (1987), S. 102

bei der Frage nach der Kompatibilität kooperativ-ethischer Handlungsweisen und unternehmerischem Erfolg drei wesentliche Probleme.

(1) Umstritten ist die Verallgemeinerbarkeit von Axelrods Ergebnissen. Neben einer Vielzahl an Schwierigkeiten, auf die Axelrod teilweise selbst hinweist,[32] wird als zentrales Argument die Möglichkeit von Missverständnissen angeführt. Während in der Computersimulation zwischen Kooperation und Defektion klar unterschieden werden kann, bestehen in realen Situationen häufig Anlässe zu Irrtümern. Für das Entstehen von Kooperation ist Unmissverständlichkeit aber von zentraler Bedeutung. Kann zwischen gerechtfertigter und ungerechtfertiger Defektion aufgrund von Fehleinschätzungen nicht eindeutig unterschieden werden, wird die Entstehung von Kooperation behindert. Im ungünstigsten Fall reicht ein Irrtum aus, um unerwünschte Echoeffekte in Form gegenseitiger Defektion nach sich zu ziehen.[33]

(2) Eine Bedingung für Kooperation, die ebenfalls nicht immer gegeben sein muss, ist ein ausreichend großer „Schatten der Zukunft", da erst über einen unbegrenzten Zeitraum die kooperative Strategie voll zur Geltung kommt. Ist der Abbruchzeitpunkt dagegen bekannt, entspricht das Spiel ab

---

32 Kritisiert wird unter anderem, dass es in der Realität mehr als zwei Spieler sowie mehr als zwei Handlungsoptionen gibt. Es ist demzufolge nicht klar, ob Axelrod seine Ergebnisse unzulässig verallgemeinert. Daneben wird darauf hingewiesen, dass unter veränderten Randbedingungen in Nachfolgewettkämpfen Tit-for-Tat nicht immer als siegreiche Strategie hervorgegangen ist. Durch die Formulierung des Kooperationsproblems in Form eines Gefangenen-Dilemmas können zudem Aspekte wie etwa Schwierigkeiten bei der Ausführung von Entscheidungen, Macht, Unsicherheit, Kommunikationsmöglichkeiten zwischen den Akteuren und der Einfluss Dritter übersehen werden. Vgl. *Axelrod* (1987), S. 17 und S. 113ff.; *Braun* (1999), S. 185ff.; *Schüssler* (1990), S. 33ff.

33 Vgl. *Dixit/Nalebuff* (1995), S. 106ff. Um dieses Problem zu vermindern wird vielfach vorgeschlagen, die Tit-for-Tat-Strategie etwas nachsichtiger zu handhaben. Vgl. *Dixit/-Nalebuff* (1995), S. 113f.; *Axelrod* (1987), S. 123f.

einem gewissen Zeitpunkt einer statischen Gefangenen-Dilemma-Situation, bei der unkooperatives Verhalten die dominante Strategie ist.[34]

(3) Undeutlich ist schließlich der Zusammenhang zwischen Kooperation und ethischen Grundsätzen. Kooperative Strategien werden im Gegensatz zu unkooperativen Strategien im allgemeinen als „richtig" empfunden und mit ethischen Überlegungen in Verbindung gebracht.[35] Kooperation ist in einem solchen Fall moralisch, Defektion hingegen unmoralisch. An dieser Stelle wird demgegenüber der Standpunkt vertreten, dass Kooperationsbereitschaft eine Wertorientierung darstellt, der nicht unbedingt ein ethischer Gehalt innewohnen muss. Beispielsweise kann die Einhaltung von Preisabsprachen zwischen zwei Unternehmen als Kooperationsstrategie zur Auflösung einer Gefangenen-Dilemma-Situation gedeutet werden. In einem solchen Fall ist allerdings fraglich, ob Preisabsprachen über moralische Qualität verfügen. Für die Allgemeinheit positive Wirkungen von Konkurrenz entstehen gerade dadurch, dass sich Unternehmer im Wettbewerb in einer Gefangenen-Dilemma-Situation befinden.[36]

Trotz der genannten Einschränkungen ist festzuhalten, dass kooperative Strategien einen methodisch fundierten Ausweg aus der Gefangenen-Dilemma-Problematik anbieten. Liegt der Wertorientierung Kooperation ein ethisches Motiv zugrunde, lässt sich unter Umständen eine Kompatibilität zwischen Ethik und Erfolg auf Unternehmensebene erreichen. Ein Beispiel hierfür sind geschäftliche Beziehungen.[37] Durch unkooperative Praktiken, wie etwa die verspätete Begleichung von Rech-

---

[34] Vgl. *Axelrodt* (1987), S. 133ff. Zu einem spieltheoretischen Experiment, dass abnehmendes Kooperationsverhalten in endlich wiederholten Gefangenen-Dilemma-Spielen bestätigt vgl. *Ockenfels* (1999), S. 8f.

[35] Vgl. *Axelrod* (1987), S. 122; *Davis* (1993), S. 111; *Homann* (1989), S. 49ff.

[36] Vgl. *Locher* (1991), S. 23

[37] Vgl. *Axelrod* (1987), S. 102

nungen, lassen sich möglicherweise kurzfristige Zinsvorteile erzielen. Eventuell werden Lieferanten aber auch dazu ermuntert, ihrerseits Vergeltungsmaßnahmen einzuleiten, etwa in Form unpünktlicher Lieferungen oder der Gewährung geringerer Mengenrabatte. Besteht die Möglichkeit, Sanktionen zu ergreifen, und ist die Wiederholung der Geschäftsbeziehungen unbekannt, kann ethisch motivierte Selbstbeschränkung zu beiderseitigem Vorteil erfolgen.

II. Investitionscharakter von Werten

In den folgenden Abschnitten wird davon ausgegangen, dass die Berücksichtigung von Wertorientierungen in unternehmerische Entscheidungen Kosten verursacht, die den periodischen Unternehmensgewinn schmälern. Eine Einbeziehung ist möglicherweise dann sinnvoll, wenn Werte aus einer langfristigen Perspektive heraus die Form einer Investition annehmen.

1. Reputation

Eine bedeutende Motivation in unternehmerischen Entscheidungen Werte zu berücksichtigen, hängt mit dem Bemühen um einen guten Ruf zusammen. Insbesondere für Unternehmen, die verstärkt der Kritik durch Kunden, Lieferanten oder der Öffentlichkeit ausgesetzt sind, dürften hierzu Anreize bestehen. Dies trifft beispielsweise dann zu, wenn ethisch problematische Technologien oder Herstellungsverfahren verwendet werden. Aber auch wirtschaftskriminelle Handlungen der Vergangenheit sowie ethisch fragwürdige Produkte oder eine besondere Marktmacht, die in den Augen Dritter Verantwortung impliziert, können Unternehmen motivieren, Wertvorstellungen zu berücksichtigen.[38]

---

38 Vgl. *Kleinfeld* (1999a), o.S.

An Werten orientierte Entscheidungen können aus Sicht des Unternehmens als Investition verstanden werden. Es ist vorteilhaft, Wertauffassungen Rechnung zu tragen, da die Inkaufnahme temporärer Kostenbelastungen etwa der Sicherung zukünftiger Marktchancen dient oder die Interessen potenzieller Anspruchsgruppen berücksichtigt werden.[39] Wie zahlreiche öffentlichkeitswirksame Unternehmensinitiativen zeigen, stellt die Reputation ein ernst zu nehmendes Argument für die Einbeziehung von Werten in unternehmerische Entscheidungen dar.[40] Hinter diesen Initiativen steckt vielfach die Einsicht, dass sich ein aufgrund zweifelhafter Wertvorstellungen bei Kunden, Lieferanten oder der Öffentlichkeit in Verruf geratenes Unternehmen langfristig nicht am Markt behaupten kann.[41]

Obwohl der Beachtung von Werten damit große Bedeutung zukommt, muss gleichzeitig auf mögliche Grenzen dieser Sichtweise hingewiesen werden. So dürfte die Umsetzung einer dem Erfolg förderlichen Reputation vielfach mit erheblichen Anstrengungen verbunden sein. Der gute Ruf einer Unternehmung misst sich darüber hinaus an der öffentlichen Akzeptanz, die aufgrund ihrer eingeschränkten Informationslage nicht unbedingt einen geeigneten Beurteilungsmaßstab für unternehmerische Wertorientierungen darstellt. Schließlich beinhaltet die öffentlichkeitswirksame Kommunikation von Wertorientierungen, etwa in Form eines Firmenkodex, erhebliche Risiken.[42] Eine Divergenz zwischen den in Firmenbroschüren dokumentierten Wertvorstellungen und dem tatsächlichen Firmenalltag wird in einem solchen Fall aufgrund leichter Prüfbarkeit vermutlich strenger bewertet als bei einem Unternehmen, das ohne öffentlich-

---

39 Vgl. *Ulrich* (1996), S. 157ff.; ähnlich *Ziegler* (1998), S. 4

40 Zahlreiche Leitlinien und Führungsgrundsätze mit zum Teil sehr unterschiedlichen Wertorientierungen, die sowohl interne wie externe Beziehungen der jeweiligen Unternehmen regeln, finden sich beispielsweise in *Lenk/Maring* (1998), S. 355ff. und *Srnka* (1997), S. 153ff. Zu den Grenzen von Unternehmensleitlinien vgl. *Bowie* (1998), S. 348

41 Ähnlich *Ziegler* (1998), S. 4

42 Vgl. *Kleinfeld* (1999a), o.S.

keitswirksame Wertorientierungen auftritt. Stellt sich nachträglich heraus, dass Werthaltungen zur vordergründigen Image-Pflege oder sogar zu Werbemaßnahmen missbraucht werden, kann die Reputation eines Unternehmens langfristig geschädigt werden.

2. Unternehmenskultur

Neben externen Faktoren stellen die in einer Unternehmenskultur verankerten Denkhaltungen ein weiteres Argument für die Einbeziehung von Wertorientierungen in Entscheidungen dar.[43] Dies ist insofern von Bedeutung, da Mitarbeiter nicht primär unter Kostengesichtspunkten beurteilt werden, sondern einen Erfolgsfaktor darstellen.[44] Geeignetes Personal lässt sich nur dann gewinnen und langfristig an das Unternehmen binden, wenn die in der jeweiligen Unternehmenskultur zum Tragen kommenden Wertvorstellungen und Verhaltensnormen von den Mitarbeitern als überzeugend akzeptiert werden. Die These, dass ein ausschlaggebender Faktor für unternehmerischen Erfolg in der Unternehmenskultur zu suchen ist, lässt sich auch mit leistungssteigernden Wirkungen begründen. Stoßen die in der Unternehmenskultur verankerten Wertvorstellungen bei den Beschäftigten auf Zustimmung, wird möglicherweise die Motivation der Mitarbeiter erhöht.[45] Unternehmenskultur wird demnach als eine intern gestaltbare Variable für Erfolg aufgefasst, die im Idealfall durch ethische Grundsätze eine inhaltliche Fundierung erhält.[46] Wertorientierungen sind in diesem Sinne eine Investition, da mögliche Kostenbelastungen lang-

---

43 Die Definition des Begriffs Unternehmenskultur wird in der Literatur sehr unterschiedlich vorgenommen. Häufig werden darunter Beziehungsgeflechte verschiedener Denk- und Verhaltensmuster sowie Werthaltungen innerhalb eines Unternehmens verstanden. Seinen Ursprung hat der Begriff in den 1970er Jahren, in denen auf die Bedeutung von Wertesystemen als wichtigen Erfolgsfaktor für japanische Unternehmen verwiesen wird. Vgl. hierzu sowie zu den nachfolgenden Ausführungen *Osterloh* (1991), S. 154f.

44 Vgl. *Pichler/Pleitner/Schmidt* (1997), S. 69

45 Vgl. *Kleinfeld* (1999a), o.S.

46 Zu anderen Kulturauffassungen vgl. *Osterloh* (1991), S. 161ff.

fristig durch die Sicherung des bedeutsamen Erfolgsfaktors Mitarbeiter ausgeglichen werden.

Obwohl ein wesentlicher Beitrag des Konzepts der Unternehmenskultur in der Erweiterung klassischer Erfolgsfaktoren liegt, ist seine Handhabung sowie tatsächliche Bedeutung umstritten.[47] Aufgrund undeutlicher und unterschiedlicher Kulturbegriffe sowie empirischer Erfassungsprobleme kann bei ungenauer Verwendung die Gefahr bestehen, mit einem inhaltslosen Begriff zu operieren. Dieser umfasst in einem solchen Fall nicht erklärbare Erfolgs-Phänomene, die nicht zwangsläufig mit der Unternehmenskultur zusammenhängen müssen. Darüber hinaus implizieren gemeinsame Wertvorstellungen in einem Unternehmen nicht in jedem Fall die gewünschten positiven Wirkungen, wie beispielsweise rasche Entscheidungsfindung, einheitliches Auftreten nach außen oder eine hohe Motivation und Loyalität. Eine ausgeprägte Unternehmenskultur kann ebenso eine Reihe von Schwierigkeiten, wie etwa Abschottungstendenzen, Verdrängung von Kritik, mangelnde Anpassungsfähigkeit und Widerstand gegen Veränderungen hervorrufen. Nicht zuletzt besteht ein weiterer Einwand darin, dass durch vorgegebene Werte das Konzept der Unternehmenskultur eine ideologische Komponente enthalten kann.[48] Zusammenfassend ist daher festzustellen, dass die in der jeweiligen Unternehmenskultur enthaltenen Wertorientierungen einen Erfolgsfaktor darstellen können, *gleichzeitig* aber eine Reihe von weiteren Faktoren bedeutsam sind.[49]

---

47 Vgl. *Schneider* (1990), S. 883 und *Osterloh* (1991), S. 154, die hinter dem Begriff der Unternehmenskultur eine Mode-Erscheinung vermuten. *Raffée/Fritz* (1991) zeigen dagegen anhand einer empirischen Untersuchung, dass Unternehmensstrategie *und* Unternehmenskultur in deutschen Industrieunternehmen ein wichtiger Faktor für den Unternehmenserfolg sind.

48 Vgl. *Grabner-Kräuter* (1998), S. 202f.

49 Vgl. *Raffée/Fritz* (1991), S. 1211ff.

3. Straferlass im Schadensfall

Einen weiteren Ansatzpunkt für die Einbeziehung von Wertorientierungen in unternehmerische Entscheidungen stellen die in den Vereinigten Staaten von Amerika seit 1991 in Kraft getretenen *Federal Sentencing Guidelines for Organizations* dar.[50] Diese gesetzlichen Vorschriften sehen bei der Entdeckung von Straftatbeständen im Verurteilungsfall ökonomische Anreize in Form eines prozentualen Straferlasses vor, falls Unternehmen vor der Verurteilung Maßnahmen zur Verhinderung von Straftaten treffen. Als geeignete Schritte werden unter anderem die Formulierung von Verhaltensrichtlinien, die Durchführung von Mitarbeiterschulungen oder die Einrichtung von Ethik-Büros angeführt. Es bleibt allerdings offen, welche Maßnahmen in welcher Form im Einzelfall getroffen werden sollen. Die Umsetzung soll vielmehr in Abhängigkeit von der jeweiligen Situation, wie etwa der Unternehmensgröße oder Wettbewerbslage, geschehen.

Den *sentencing guidelines* liegt ein nordamerikanisches Rechtsverständnis zugrunde. Unternehmen können als juristische Person strafrechtlich verurteilt werden, wenn ein Unternehmensmitglied kriminelle Handlungen begeht oder mit Wissen der Geschäftsleitung Dritte schädigt. Erste Schritte wurden in dieser Hinsicht 1997 auch von der Europäischen Union eingeleitet. Vorgesehen ist, auf der Ebene der Mitgliedsstaaten Rechtsvorschriften für die Verantwortlichkeit juristischer Personen im Falle von Betrug, Geldwäsche oder Korruption zu erlassen.[51] Eine mit den *sentencing guidelines* vergleichbare Regelung, die neben der juristischen Verantwortung von Unternehmen auch ökonomische Anreize für die Integration von Werten gewährleistet, ist damit allerdings nicht verbunden.

---

[50] Zu einer ausführlichen Darstellung von Umsetzungskonzepten zu den *sentencing guidelines* vgl. *Paine* (1994), S. 106ff.; *Steinmann/Kustermann* (1999), S. 211ff.; *Lammers/-Schmitz* (1995), S. 116ff.

[51] Vgl. *Europäischer Rat* (1997), S. 11ff.

Die Stärke der *sentencing guidelines* liegt in dem hohen Anwendungsbezug bei der Umsetzung von Wertvorstellungen, insbesondere in größeren organisatorischen Einheiten. Ebenfalls wird erschwert, dass die Verantwortung im Schadensfall von der Geschäftsleitung eines Unternehmens auf Mitarbeiter überwälzt wird. Bei den *sentencing guidelines* ist allerdings zu bedenken, dass nur grobe Verstöße gegen geltende Wertvorstellungen, wie etwa kriminelles Verhalten, in den Griff zu bekommen sind. Damit handelt es sich im Kern um eine verbesserte Durchsetzung ohnehin geltender Rechtsvorschriften mit Hilfe von ökonomischen Anreizen. Zudem dürfte durch Ethik-Kodices, Schulungsmaßnahmen, Überwachungs- und Kontrollmechanismen nur in eingeschränkter Form ein an ethischen Werten orientiertes Verhalten in Unternehmen verwirklicht werden, da den *sentencing guidelines* ein rein utilitaristisches Ethik-Verständnis innewohnt. Letztlich beruht die Motivation für moralisches Handeln nicht auf einer inneren Einstellung, sondern vielmehr auf einem Straferlass im Falle der Aufdeckung.

III. Hilfestellung für Entscheidungen

Neben möglichen Verbesserungen interner wie externer Beziehungen kann eine Orientierung an Regeln dazu beitragen, unternehmerische Entscheidungsprozesse zu unterstützen. Regeln müssen nicht unbedingt über einen wertorientierten Charakter verfügen. Vielfach ergibt sich jedoch unter einem anwendungsorientierten Gesichtspunkt die Notwendigkeit, Wertvorstellungen in handlungsleitende Regeln zu transformieren.[52] Im folgenden wird deshalb von Regeln die Rede sein, die sich aufgrund von Werten herausgebildet haben. Für die These, dass solche Regeln eine Hilfestellung für unternehmerische Entscheidungen bereitstellen können,

---

[52] Dieser Gedanke spielt etwa in der medizinischen Ethik mit häufig wiederkehrenden ethischen Konflikten eine Rolle. Vgl. *Irrgang* (1995), S. 46ff.

lassen sich drei, im Einzelfall nicht immer voneinander zu trennende Argumente anführen.[53]

(1) Regeln können insbesondere in alltäglichen Entscheidungssituationen dazu beitragen, Kosten zu senken. Grundgedanke ist, dass Entscheidungen, die fallweise getroffen werden, mit Kosten verbunden sind. Damit werden Ressourcen gebunden, die alternativ besser verwendet werden könnten, was bei Regelentscheidungen nicht der Fall ist.

(2) Damit zusammenhängend kann die Befolgung von Regeln als eine Möglichkeit gesehen werden, Fehler zu verringern. Einmal durchdachte Regeln können, verglichen mit einer fallweisen Prüfung, insgesamt betrachtet die Qualität von Entscheidungen verbessern. Selbst wenn die jeweilige Entscheidung im Einzelfall falsch ist, kann Regelbefolgung insgesamt betrachtet zu einem besseren Ergebnis führen als ein *case-by-case*-Entscheidungsverhalten.[54]

(3) Zudem ist die Konsistenz von Entscheidungen über einen längeren Zeitraum häufig Voraussetzung dafür, dass gewünschte Ergebnisse überhaupt erzielt werden. Konsistenz kann erst durch die glaubhafte Bindung an Regeln erreicht werden. Für ein bestimmtes Ergebnis ist es demnach ausschlaggebend, dass andere erwarten, dass eine Regel befolgt wird.[55]

Wertorientierte Regeln werden in diesem Sinne nicht als Handlungsrestriktion verstanden, sondern können insbesondere in unüberschaubaren und unsicheren Situationen unternehmerischen Interessen entsprechen.

---

53 Vgl. zu den folgenden Ausführungen *Vanberg* (1988), S. 156ff.

54 Möglich ist allerdings auch, dass eine strikte Regelbefolgung zu unflexiblen Handlungsweisen und gerade damit zu Fehlern führt.

55 Beispielsweise kann Erpressung vorgebeugt werden, indem glaubhaft vermittelt wird, dass in jedem Fall auf erpresserische Forderungen nicht eingegangen wird. Regelbindung spielt auch im Zusammenhang mit Erwartungen hinsichtlich der Wirksamkeit wirtschaftspolitischer Maßnahmen eine wichtige Rolle.

Damit wird aber nicht ausgedrückt, dass es für Unternehmer *immer* ratsam ist, solchen Regeln zu folgen. Denkbar ist vielmehr, dass im Einzelfall eine Abwägung zwischen Vor- und Nachteilen im Sinne von Opportunitätskosten stattfindet. Der Hinweis, dass wertorientierte Regeln, als Entscheidungshilfe aufgefasst, durchaus im unternehmerischen Eigeninteresse liegen können, ist damit nur eingeschränkt zulässig. Daneben ist die Transformation von Wertorientierungen in Handlungsregeln nicht unproblematisch. Beispielsweise besteht die Gefahr, dass eigene Wertabwägungen durch die vereinfachende Befolgung von Regeln ersetzt werden und damit wertorientierte Überlegungen unzulässig verkürzt oder Interpretationsspielräume übersehen werden.

IV. Zusammenfassung

Verschiedene Argumentationsversuche zeigen, dass wertorientiertes Handeln für den Unternehmenserfolg dienlich sein kann. Insbesondere bei der Vermeidung von Dilemma-Situationen, unter langfristigen internen wie externen Gesichtspunkten sowie als Entscheidungshilfe kann die Beachtung von Werten nützliche Folgen haben. Als wesentliche Erkenntnis ist an dieser Stelle festzuhalten, dass die Einbeziehung normativer Faktoren in den unternehmerischen Entscheidungsprozess von Bedeutung ist.[56] Allerdings muss bedacht werden, dass die herangezogenen Argumente Einschränkungen unterliegen, da Umsetzung, Konsequenzen sowie tatsächliche Bedeutung wertorientierten Handelns umstritten sind.

Häufig erfolgt aufgrund der vermuteten zentralen Bedeutung von Wertorientierungen die Schlussfolgerung, dass die Befolgung ethischer Grund-

---

[56] Ähnlich Sen, nach dessen Auffassung die moderne Wirtschaftswissenschaft durch die Vernachlässigung ethischer Aspekte eine unnötige Verarmung erfahren hat. Das Verhalten von Personen wird seiner Meinung nach nicht alleine durch individuell-egoistische Nutzenkalküle, sondern ebenfalls durch ethische Überlegungen bestimmt. Vgl. *Sen* (1987), S. 52ff.

sätze mit dem unternehmerischen Erfolg kompatibel ist und zwischen beiden Zielsetzungen kein Konflikt besteht. Diese Argumentation ist allerdings ungenau, da Wertorientierungen nicht in jedem Fall mit ethischen Grundsätzen gleichgesetzt werden können.[57] Eine Kompatibilität zwischen beiden Zielsetzungen ist nur dann erreichbar, wenn die zugrunde liegenden Wertvorstellungen von moralischer Qualität sind. Um diesen Gedanken zu präzisieren, können drei verschiedenen Fälle unterschieden werden.

(1) Kann festgestellt werden, dass unternehmerische Wertorientierungen eindeutig über ethischen Gehalt verfügen, lässt sich eine Kompatibilität zwischen ethischen Grundsätzen und unternehmerischen Erfolgskriterien erreichen. Ein Beispiel hierfür ist unternehmerische Integrität.[58] Werden als Kriterien für unternehmerische Wertorientierungen etwa der Utilitarismus sowie das Prinzip der Universalisierbarkeit herangezogen, können integere Handlungen, die sowohl nützliche Folgen haben wie auch den verallgemeinerbaren Anspruch auf unbedingte Rechtschaffenheit erfüllen, moralische Qualität besitzen.

(2) Für den Fall, dass unternehmerische Wertorientierungen nicht eindeutig über moralische Qualität verfügen, lassen sich keine eindeutigen Aussagen mehr über den Kompatibilitätsfall treffen. Gerade an dieser Frage entzünden sich oftmals Kontroversen. Viele Uneinigkeiten bestehen darin, dass Handlungen, die von einem utilitaristischen Standpunkt aus über moralische Qualität verfügen, als ethisch nicht hinreichend begründet empfunden werden. Ein Beispiel hierfür sind strenge Umweltstandards. Führen diese über höhere Preise zu geringerer Nachfrage und zur Entlassung von

---

57 Nützliche Folgen von Wertorientierungen können auch für unmoralische Zielsetzungen verwendet werden. Ein Beispiel hierfür sind mafiöse Vereinigungen, deren „Unternehmenskultur" und „Reputation" sich ebenfalls an Wertvorstellungen orientiert, die zu deren „Erfolg" beitragen können.

58 Unter Integrität lassen sich ethische Wertorientierungen wie Aufrichtigkeit, Unbestechlichkeit, Gesetzestreue sowie die Einhaltung von Regelungen und Versprechen zusammenfassen. Vgl. *Kleinfeld* (1999a), o.S.

Arbeitnehmern, für die sich ein Unternehmer verantwortlich fühlt, kann die Ablehnung von Umweltvorschriften nicht von vornherein als unmoralisch gelten, obwohl nach dem Universalisierbarkeitsprinzip eine Regel lauten könnte, keine Produkte herzustellen, die irreversible Schäden für Mensch und Natur verursachen.[59]

(3) Schließlich ist festzuhalten, dass aufgrund möglicher Schnittmengen zwischen beider Zielsetzungen nicht gefolgert werden kann, dass Kompatibilität zwingend eintritt. Eine etwaige Vorteilhaftigkeit, ethische Wertorientierungen in unternehmerische Entscheidungen einzubeziehen, ergibt sich aus einem bewussten Abwägen der jeweiligen Opportunitätskosten. Ethische Grundsätze sind dann jedoch keine absoluten Größen mehr, sondern in Bezug zu der Verwirklichung unternehmerischer Klugheitsinteressen, wie etwa dem Überleben am Markt, zu sehen. Konflikte ergeben sich dann, wenn unternehmerischer Erfolgsorientierung ethische Zielsetzungen konträr gegenüberstehen. Das folgende Kapitel stellt ausgewählte unternehmensethische Konzeptionen vor, die sich mit diesem Zielkonflikt auseinander setzen.

---

[59] Ähnlich *Steger* (1991), S. 194

D. Konfliktlösung in ausgewählten Konzeptionen

Die nachfolgend ausgewählten Konzeptionen gehen von einem Konflikt zwischen dem Gewinnziel als einziges unternehmerisches Erfolgskriterium und moralischem Handeln aus. In diesem Kapitel werden drei verschiedene Ansätze kritisch auf ihre Anwendbarkeit anhand eines dreistufigen Prüfungsschemas analysiert. Dazu werden der Ausgangspunkt, die zugrunde liegende ethische Überzeugung sowie die daraus resultierenden Umsetzungsvorschläge betrachtet.[60]

I. Korrektive Ethik – der Ansatz von Steinmann et al.

Die Konzeption einer Unternehmensethik, die lediglich im Falle eines Konflikts Anwendung findet, wird maßgeblich von Horst Steinmann et al. vertreten. Das unternehmerische Gewinnstreben wird grundsätzlich nicht in Frage gestellt. In Entscheidungskonflikten sind ethische Überlegungen

---

60 Zu der Thematik existiert ein umfangreiches Schrifttum, ergänzt durch populärwissenschaftliche Arbeiten. Häufig handelt es sich allerdings um keine eigenständigen Konzeptionen, sondern um die Behandlung vereinzelter Fragestellungen. Im Rahmen dieser Arbeit wird eine Auswahl vorgenommen. Nach Ansicht des Autors handelt es sich dabei um Ansätze, die in der Literatur verstärkt diskutiert werden. Versuche, einen Überblick herzustellen, finden sich in *Hermann* (1992), S. 1-33; *Hesse/Homann* (1988), S. 9-33; *Gerlach* (1999), S. 834-883; *Seifert/Priddat* (1995), S. 10-38. Im weiteren europäischen Raum lassen sich zwar Forschungsbemühungen erkennen, die unter anderem durch das 1987 gegründete *European Business Ethics Network* koordiniert werden; allerdings fällt eine Identifikation eigenständiger Konzeptionen schwer. Zu Hinweisen für Großbritannien, Italien und die Niederlande vgl. die Länderberichte in *Steinmann/Löhr* (1991), S. 459-490. Eine Auswahl amerikanischer *Business-Ethics*-Ansätze wird durch eine unüberschaubare Fülle von Publikationen behindert, in denen sich Ziele, Methoden und inhaltliche Schwerpunkte schwer ermitteln lassen. Kennzeichnend für amerikanische Konzeptionen ist eine pragmatische, an *case-studies* orientierte Herangehensweise. Übersichten mit sehr unterschiedlichen Akzentuierungen finden sich in *Enderle* (1987), S. 444-448; *Grabner-Kräuter* (1997), S. 210-235; *Hasnas* (1998), S. 19-42; *De George* (1998), S. 301-316. Auf einige Anknüpfungspunkte wird im folgenden hingewiesen.

aber dem Gewinnprinzip überzuordnen, um zu einer *„situationsgerechten verantwortlichen Anwendung des Gewinnprinzips"* zu gelangen.[61]

1. Der Nestlé-Fall als Ausgangspunkt

Grundlage für den Ansatz ist der Fall der Nestlé AG, die in den 1970er Jahren wegen ihrer Vermarktungsmethoden von Substitutionsprodukten für Muttermilch in Entwicklungsländern einer massiven weltweiten Kritik und dem Boykott ihrer Produkte ausgesetzt war. Dem Unternehmen wurde vorgeworfen, durch aggressive Marketingmethoden eine erhöhte Säuglingssterblichkeit zu verursachen, da Nestlé-Produkte häufig unter mangelhaften hygienischen Verhältnissen verabreicht wurden und zu tödlichen Erkrankungen der Säuglinge geführt haben sollen. Zudem konnten Muttermilch-Substitute aufgrund geringer Einkommen oft nicht richtig dosiert werden. Unterernährung und Infektionskrankheiten wurden von Kritikern auf die rein verkaufsorientierte Werbung der Nestlé AG, die unwissende Mütter zur Umstellung überredete, zurückgeführt.[62]

Aufgrund einer Rekonstruktion der Auseinandersetzung zwischen der Nestlé AG mit einer Vielzahl von Interessengruppen versuchen Steinmann et al., zu einem praxisorientierten und realistischen Ansatz zu gelangen. In einer Konfliktphase, die durch gegenseitige Beschuldigungen, Expertenstreit, Gerichtsprozesse und einem Boykott von Nestlé-Produkten gekennzeichnet war, interessierte sich die Nestlé AG nicht für eine Verständigung mit ihren Kritikern. Erst der anhaltende Boykott zwang das Unternehmen zu einem Kompromiss. Dieser bestand in der Formulierung eines Verhaltenskodex für die Vermarktung von Muttermilch-Substituten. Allerdings reichte dieser Kodex den Protestgruppen nicht, um ihren Boykott-

---

[61] *Steinmann/Löhr* (1994), S. 118

[62] Zu einer Darstellung des Sachverhaltes aus Sicht der Nestlé AG vgl. *Maucher* (1991), S. 408. Eine ähnlich gelagerte Problematik aktuelleren Datums ist die Diskussion um die Entsorgung der Ölplattform Brent Spar, vgl. *Osterloh/Tiemann* (1995), S. 321ff.

aufruf zurückzuziehen, da dessen Einhaltung nur von der Nestlé AG, nicht aber von Vertretern der Protestgruppen überwacht werden konnte. Erst als die Nestlé AG den Protestgruppen die Mitarbeit bei der Überwachung und Weiterentwicklung des Verhaltenskodex anbot, wurde die Konsensphase und damit die Beendigung des Boykotts erreicht.[63]

Hierauf aufbauend gelangen Steinmann et al. zu einer in den nachfolgenden Abschnitten erläuterten Begriffsbestimmung: *„Unternehmensethik umfaßt alle durch dialogische Verständigung mit den Betroffenen begründeten bzw. begründbaren materiellen und prozessualen Normen, die von einer Unternehmung zum Zweck der Selbstbindung verbindlich in Kraft gesetzt werden, um die konfliktrelevanten Auswirkungen des Gewinnprinzips bei der Steuerung der konkreten Unternehmensaktivitäten zu begrenzen"*.[64]

2. Herausbildung ethischer Grundsätze durch Dialog

Ethische Normen sind nach dem Verständnis von Steinmann et al. entweder materieller oder prozessualer Art. Als ein Beispiel für materielle Normen werden Verhaltens-Kodices genannt, die inhaltlich so präzisiert sind, dass eindeutig beurteilt werden kann, ob unternehmerische Tätigkeiten moralische Qualität besitzen oder nicht. Unter prozessualen Normen wird die Bildung von Institutionen verstanden, die eine Entwicklung von materiellen Normen fördern. Ein Beispiel ist die Gründung einer Ethik-Kommission, also eines Forums, in dem ethische Anliegen besprochen werden. Konkrete Normen sollen auf Basis der Diskursethik gewonnen werden. Im Rahmen eines dialogischen Verfahrens können Betroffene

---

63 Vgl. *Steinmann/Löhr* (1988) S. 301ff.

64 *Steinmann/Löhr* (1991) S. 10

innerhalb und außerhalb einer Unternehmung ihre moralischen Vorstellungen artikulieren und in den Entscheidungsprozess einbringen.[65]

3. Herabsetzung des Gewinns im Konflikt

Da nach Auffassung von Steinmann et al. unternehmerisches Handeln nicht vollständig durch wirtschaftliche oder rechtliche Rahmenbedingungen determiniert ist, können bestehende Freiheitsgrade für ethische Zielsetzungen verwendet werden. Das Gewinnprinzip wird im Rahmen marktwirtschaftlicher Wettbewerbsbedingungen zunächst nicht in Frage gestellt. Vielmehr sprechen Steinmann et al. unternehmerischen Gewinnstreben eine „vorläufige Richtigkeitsvermutung“ zu.[66] Diese Vermutung kann widerlegt werden, wenn die für eine Gewinnerzielung eingesetzten Mittel auf moralische Vorbehalte der Betroffenen stoßen. Zentrale Überlegung ist daher, das Gewinnprinzip permanent durch die Unternehmensleitung in Frage zu stellen, da jeder legalen Handlung potenziell moralische Bedenken entgegenstehen können. In Konfliktsituationen ist ethischen Überlegungen eine übergeordnete Bedeutung als „situatives Korrektiv“ gegenüber dem Gewinnprinzip beizumessen, da durch die Auflösung von Konfliktsituationen eine friedensstiftende Wirkung erwartet wird.[67]

Steinmann et al. betonen, dass unternehmerische Entscheidungen nur unter zwei Voraussetzungen über moralische Qualität verfügen. Zum einen dürfen Entscheidungen nicht mit der Verfolgung des Gewinnprinzips zusammenfallen. In einem solchen Fall ist Ethik im Marktgeschehen, nicht aber in der Unternehmung zu finden. Zwischen unternehmerischem Gewinnstreben und ethischen Zielsetzungen besteht in diesem Sinne

---

65 Vgl. *Steinmann/Löhr* (1991), S. 10ff.; *Steinmann/Oppenrieder* (1985) S. 171ff.

66 Vgl. *Steinmann/Löhr* (1994), S. 107

67 Vgl. *Steinmann/Löhr* (1988), S. 308

prinzipiell ein Konflikt. Zum anderen muss diese Entscheidung freiwillig sein. Bei der Befolgung ethischer Grundsätze handelt es sich um einen Akt der Selbstverpflichtung, die nur dann notwendig ist, wenn nicht schon Rechtsnormen das Gewinnstreben einschränken.[68]

4. Kritische Würdigung

(a) Zunächst ist anzumerken, dass die Eignung des Nestlé-Falls als Fundament für den Ansatz nicht gänzlich überzeugt. Voraussetzung für einen Dialog zwischen dem Unternehmen und den vom unternehmerischen Handeln Betroffenen ist nach dem Diskursprinzip unter anderem Zwanglosigkeit. Steinmann et al. verstehen darunter, im Konfliktfall auf die Androhung von Sanktionen zu verzichten.[69] Zu bezweifeln ist allerdings, ob diese Voraussetzung im Nestlé-Fall tatsächlich gegeben war.[70]

(b) Obwohl der Bezug auf das Diskursprinzip unter Anwendungsgesichtspunkten kritisiert werden kann, fällt die Nähe der von Steinmann et al. favorisierten dialogischen Verständigung zum Stakeholder-Konzept auf, obwohl die Autoren im Rahmen der in dieser Arbeit gesichteten Literatur auf diesen Zusammenhang nicht eingehen. Durch eine Berücksichtigung von Anspruchsgruppen und deren Interessen wird versucht, die für ein Unternehmen relevanten externen Beobachter sowie deren Interessen zu analysieren und Hilfestellungen für strategische Entscheidungen bereitzustellen. Am dialogischen Verfahren erscheint deshalb vor allem der Hinweis wertvoll, dass eine Berücksichtigung der Interessen von Anspruchsgruppen von zentraler Bedeutung für den Unternehmenserfolg ist.[71]

---

68 Vgl. *Steinmann/Löhr* (1994), S. 106ff.

69 Vgl. *Steinmann/Löhr* (1994), S. 78

70 Vgl. *Lammers/Schmitz* (1995), S. 25ff.

71 Vgl. zu einer *Business-Ethics*-Konzeption auf Basis des Stakeholder-Konzepts *Freeman/Gilbert* (1991), S. 82ff.

(c) Unter Wettbewerbsbedingungen erscheint widersprüchlich, dass die marktwirtschaftliche Wirtschaftsordnung grundsätzlich anerkannt wird, gleichzeitig aber dessen Regeln ignoriert werden, wenn im Konfliktfall eine Beschränkung des Gewinnprinzips im Extremfall bis hin zur *Aufgabe des Unternehmens* gefordert wird.[72] Es stellt sich die Frage, in welchem Umfang eine Beschränkung des Gewinnziels möglich ist. Wird ein entsprechendes Niveau überschritten, können Unternehmen den Forderungen von Steinmann et al. nicht Folge leisten, da die Gefahr besteht, Wettbewerbsnachteile zu erleiden und vom Markt zu verschwinden. Moralisches Handeln wirkt sich in einem solchen Fall für die Gesellschaft insgesamt nachteilig aus, da tendenziell genau jene Unternehmen vom Markt verschwinden, die für ethische Überlegungen offen sind. Damit ist die Reichweite der Konzeption zur Lösung von Entscheidungskonflikten beschränkt. Je besser die Gewinnsituation ist, desto mehr Handlungsspielräume bestehen. Verantwortliches Handeln wird so abhängig von der Gewinn- und Wettbewerbssituation eines Unternehmens beziehungsweise der gesamtwirtschaftlichen Konjunkturlage.[73]

(d) Zuletzt ist darauf hinzuweisen, dass ethischen Überlegungen nach Auffassung von Steinmann et al. zwangsläufig Verzicht auf wirtschaftlichen Erfolg bedingen, womit die Auffassung vertreten wird, dass die Einbindung ethischer Überlegungen in Entscheidungsprozesse stets mit Kosten verbunden ist und sich zwangsläufig ein Zielkonflikt ergibt.[74] Diese Auffassung erscheint vor dem Hintergrund der in Kapitel C dargestellten Zusammenhänge nicht haltbar.[75]

---

[72] Vgl. *Steinmann/Löhr* (1994), S. 107

[73] Vgl. *Homann/Blome-Drees* (1992), S. 145f. und S. 177

[74] Vgl. *Löhr* (1991), S. 283f.

[75] Zu weiteren, streckenweise polemischen Kritikpunkten an *Steinmann* et al. sowie Ulrich vgl. die Ausführungen von *Schneider* (1990), S. 869ff.; *Hax* (1993), S. 769ff; *Hax* (1995), S. 180f.

II. Integrative Ethik – der Ansatz von Peter Ulrich

Die nachfolgende Konzeption zielt darauf ab, unternehmerisches Gewinnstreben grundsätzlich kritisch in Frage zu stellen. Ethische Überlegungen sind dem Gewinnziel überzuordnen und bilden eine normative Grundlage für *„ökonomisch erfolgbringendes und zugleich lebenspraktisch vernünftiges unternehmerisches Handeln"*.[76] Ausgehend von einer theoriegeschichtlichen Analyse des Rationalitätsbegriffs, erarbeitet Peter Ulrich auf Basis der Diskursethik einen Entwurf, der zur Erweiterung des ökonomischen Rationalitätsverständnisses beitragen soll.

1. Grundlagenkritik als Ausgangspunkt

Breiten Raum nimmt in dem Ansatz die Kritik des vorwiegend auf Nutzenabwägungen basierenden Rationalitätsbegriffs ein. Aufgrund einer zunehmenden Diskrepanz zwischen ökonomischer Rationalität und „lebenspraktischer Vernunft" muss die Befolgung des Gewinnprinzips kritisiert werden. Beispielsweise zeigt die Umweltproblematik, dass die klassische Harmonieprämisse aufgrund negativer externer Effekte nicht länger aufrecht erhalten werden kann. Hiervon ausgehend gelangt Ulrich zu der Auffassung, dass Unternehmen sich nicht länger als rein privatwirtschaftliche Einrichtung, sondern vielmehr als quasi-öffentliche Institution begreifen sollten. Eigentumsverhältnisse sind zwar im Regelfall privatrechtlich organisiert, Wirkungszusammenhänge weisen jedoch zunehmend einen öffentlichen Charakter auf. Unternehmerisches Gewinnstreben losgelöst, von einem normativen Fundament, kann es daher nicht geben. Das Gewinnziel grundsätzlich zur Disposition stellend, wird von Ulrich auf den Stellenwert weiterer Ziele in Unternehmen verwiesen. An deren Entwicklung sind nach seiner Auffassung betroffene Anspruchs-

---

76 *Ulrich* (1996), S. 166

gruppen zu beteiligen.[77] Hintergrund seiner Grundlagenkritik ist eine theoriegeschichtliche Analyse der Wirtschaftswissenschaften.[78] War zu Zeiten Adam Smiths die Ökonomie noch in die Moralphilosophie eingebettet, ist im Laufe der Zeit eine Abtrennung erfolgt. Zunehmend stößt diese Sichtweise aber an Grenzen, die – positiv gedeutet – auf einen Bedarf zur Weiterentwicklung des ökonomischen Rationalitätsbegriffs hinweisen.

2. Erweiterung ökonomischer Rationalität durch Diskurse

An dieser Stelle knüpft Ulrich mit seiner Konzeption an. Ökonomische Rationalität bedarf einer neuen inhaltlichen Ausfüllung, da diese maßgeblich auf einem utilitaristischen Verständnis beruht. Aufgrund der Schwächen des Utilitarismus kann ein Konflikt zwischen Moral und Gewinn nicht zufriedenstellend gelöst werden. Aussichtsreicher erscheinen vielmehr praktische Verständigungslösungen mit den von unternehmerischen Entscheidungen Betroffenen. Ein geeignetes Verfahren stellt hierfür die Diskursethik bereit, wobei die Gewinnerzielung diskursethischen Überlegungen unterzuordnen ist. Zur Lösung von Konflikten propagiert Ulrich die Idee einer sozialökonomischen Rationalität. Rational sind demnach alle wertschaffenden, im Rahmen eines dialogischen Verfahrens zwischen den Betroffenen zustande gekommenen Handlungen.[79] Ulrich „präzisiert“ diese Gedanken anhand eines Drei-Ebenen-Konzepts. Trägt die Neoklassik nach seiner Auffassung ausschließlich der personalen Handlungsebene im Sinne nutzenmaximierender homines oeconomici Rechnung, so stellt die Neue Institutionenökonomie durch die Berücksichtigung einer übergeordneten institutionellen Ebene bereits eine wesentliche Erweiterung dar. Eine umfassende Ergänzung der Ökonomie findet schließlich auf Basis der Diskursethik durch einen kommunikativ-

---

77 Vgl. *Ulrich* (1987), S. 14f. und S. 30f.

78 Vgl. *Ulrich* (1998), S. 1ff.

79 Vgl. *Ulrich* (1993), S. 6ff.

ethischen Rationalitätsbegriff statt. Kernidee von Ulrichs unternehmensethischer Konzeption ist, für verschiedene Handlungsebenen einen unterschiedlichen Rationalitätstypus zu bestimmen.[80]

Abbildung 2: Sozialökonomische Rationalitätstypen nach Ulrich

Rationalitätstypus	Theoriegebäude	Institutionelle Ebene	Bedeutung
Kommunikativ-ethisch	Diskursethik	Gesellschaftsvertrag	Konfliktbewältigung
Sozialtechnologisch	Neue Institutionenökonomie	Markt und Staat	Komplexitätsbewältigung
Kalkulatorisch	Neoklassik	Personales Handeln	Knappheitsbewältigung

Quelle: In Anlehnung an *Ulrich* (1987)

3. Konfliktlösung durch Dialog, Innovation und Politik

Das unternehmerische Grundproblem lautet nach Ulrich, „ *[...] wie Erfordernisse der unternehmerischen Erfolgserzielung und -sicherung mit ethischen Anforderungen, deren sich Unternehmer und Führungskräfte als verantwortliche Personen bewußt sind oder bewußt werden sollten, in Einklang zu bringen sind“*.[81] Im Kern handelt es sich um eine Vermittlung zwischen ethischen Anforderungen und marktwirtschaftlichen Wettbewerbsbedingungen. Im einzelnen erarbeitet Ulrich dazu drei Vorschläge.[82]

---

80 Vgl. *Ulrich* (1987), S. 20

81 *Ulrich* (1993), S. 12

82 Vgl. zu den folgenden Ausführungen *Ulrich* (1993), S. 15ff.; *Ulrich* (1994), S. 38ff. Der Schwerpunkt von Ulrichs Ausführungen liegt dabei auf Punkt (a), Vorschlag (c) scheint erst später hinzu gekommen zu sein und findet in einigen Publikationen keine Erwähnung.

(a) Aufbauend auf der sozialökonomischen Rationalitätsidee ergibt sich eine Dreiteilung des Managements. Das operative Management befasst sich mit dem Aufbau und der Ausschöpfung von Produktivitäts- und Kostensenkungspotenzialen. Der zugrunde liegende Rationalitätstypus ist kalkulatorisch-utilitaristischer Art. Demgegenüber verfügt das strategische Management über eine sozialtechnologische Rationalität und beschäftigt sich mit dem Aufbau von strategischen Erfolgspotenzialen. Grundlage ist eine ethisch tragfähige Unternehmenspolitik. Schließlich ist es auf der Basis einer kommunikativ-ethischen Rationalität Aufgabe des normativen Managements, für den Aufbau von Verständigungs- und Glaubwürdigkeitspotenzialen zu sorgen. Den Einwand, durch die Einbeziehung der Diskursethik in seine Konzeption möglicherweise einer Utopie zu folgen, verwirft Ulrich mit dem Hinweis auf die Bedeutung von Stakeholdern.

(b) Für den Fall, dass sich zwischen moralischen und gewinnorientierten Zielsetzungen keine gemeinsame Schnittmenge ergibt, was im seltenen Idealfall allerdings durchaus gegeben sein kann, sind nach Auffassung von Ulrich innovative Geschäftsstrategien erforderlich. Diese können zu einer Erweiterung unternehmerischer Handlungsspielräume und damit zu einer Synthese zwischen ethischen Ansprüchen und dem Gewinnziel beitragen. Ulrich verweist beispielhaft auf den Umweltschutz, der als Erfolgsfaktor und nicht als Einengung von Spielräumen verstanden werden kann.

(c) Die Grenzen des normativen Managements liegen in den institutionellen Rahmenbedingungen. In einem solchen Fall ist die ordnungspolitische Verantwortung von Unternehmern gefordert. Darunter – von Ulrich auch als republikanische Unternehmensethik bezeichnet – wird ein politisches Engagement zur Vergrößerung von Handlungsspielräumen sowie zur Veränderung von Anreizstrukturen verstanden. Obwohl hier Ähnlichkeiten zu der nachfolgend erläuterten Konzeption von Homann et al. bestehen, ist auf einen wichtigen Unterschied hinzuweisen. Nach Ulrich werden sich Unternehmer ordnungspolitisch engagieren, wenn sie von ordnungspolitischen Reformen zusätzliche Spielräume zur Realisierung ethischer Überlegungen erwarten. Gleichzeitig sollen Unternehmer sich nach seiner Überzeugung aber auch dann engagieren, wenn notwendige Reformen wirtschaftliche Freiräume einengen.[83]

Abbildung 3: Unternehmerische Handlungsebenen nach Ulrich

Ebene	Management	Rationalitätstyp	Handlungsempfehlung
Unternehmens-politik	Normativ	kommunikativ-ethisch	Aufbau von Verständigungs- und Glaubwürdigkeitspotenzialen gegenüber Stakeholdern
Geschäftsstrategie	Strategisch	Sozialtechno-logisch	Aufbau von strategischen Erfolgspotenzialen
Tagesgeschäft ohne soziale Auswirkungen	Operativ	kalkulatorisch-utilitaristisch	Aufbau und Ausschöpfung von Kostensenkungspotenzialen

Quelle: In Anlehnung an *Ulrich* (1993)

4. Kritische Würdigung

(a) Ein grundlegendes Problem, dass eine Auseinandersetzung mit Ulrichs Ansatz erschwert, sind unklare und widersprüchliche Formulierungen der in zahlreichen Veröffentlichungen ausgearbeiteten Unternehmensethik. Beispielsweise verwendet Ulrich Begriffe wie Rationalität und Rationalisierung synonym. Unscharf sind ebenfalls seine Ausführungen zu den von ihm entworfenen Rationalitätstypen. So bleibt rätselhaft, was unter einem sozialtechnologischen Rationalitätstypus genau zu verstehen ist. Ulrich weist selbst auf Abgrenzungsprobleme hin, indem er diesem Typ eine Zwitterstellung zwischen kalkulatorischer und kommunikativ-

83 Vgl. *Ulrich* (1993), S. 22ff.

ethischer Rationalität einräumt.[84] Anlass zu Missverständnissen erzeugen auch seine Ausführungen zum Verhältnis von ethischen Grundsätzen und dem Gewinnziel. Zum einen plädiert Ulrich für ein Primat der Ethik, vertritt aber gleichzeitig die Auffassung, dass ethische Ansprüche zumutbar bleiben sollten. Zum anderen weist er darauf hin, dass es Situationen gibt, in denen ethische Überlegungen und Gewinnerzielung durchaus zusammenfallen können. Diese eröffnen einen Ausweg aus Konfliktsituationen, und sind aktiv zu suchen.[85] An anderer Stelle kritisiert Ulrich dagegen eine solche Sichtweise, indem er sich gegen ein rein funktionales Verständnis von Ethik ausspricht.[86]

(b) Daneben muss auf die außerordentliche Vielschichtigkeit des Ansatzes hingewiesen werden. Ulrich versucht, verhaltenswissenschaftliche, philosophische sowie volks- und betriebswirtschaftliche Ansätze methodisch auf allen Ebenen zu integrieren. Die dabei analysierten Fragestellungen sind zumindest als unübersichtlich und umstritten zu charakterisieren und zwar schon innerhalb einer Disziplin auf nur einer betrachteten Ebene. Hier besteht die Gefahr einer ungenauen Argumentation. Kritiker werfen Ulrich daher unter anderem vor, *„[...] überall dort, wo es gerade opportun scheint, die wissenschaftliche Disziplin zu wechseln und eklektizistisch die heterogenen Elemente zusammenzuklauben, wie sie gerade zu passen scheinen“.*[87]

(c) Die sozialökonomischen Rationalitätsgedanken sind neben ihrer Undeutlichkeit aus zwei weiteren Gründen fragwürdig. So *fordert* Ulrich zur Auflösung des Konflikts ein neues Verständnis von Rationalität. Es stellt sich allerdings die Frage, ob Rationalität überhaupt gefordert werden kann

---

84 Vgl. *Ulrich* (1991), S. 156f.

85 Vgl. *Ulrich* (1993), S. 17

86 Vgl. *Ulrich* (1996), S. 158

87 *Homann* (1994), S. 125

oder ob nicht vielmehr individuell verschiedene Präferenzstrukturen als gegeben vorausgesetzt werden müssen.[88] Selbst wenn den Rationalitätsideen von Ulrich folgend eine Konfliktlösung theoretisch möglich sein sollte, bleibt der Anwendungsbezug seiner Konzeption auch aus einer anderen Überlegung heraus unklar. Fraglich ist, ob die von ihm geforderte organisatorische Struktur einen Zielkonflikt nicht in modifizierter Form innerhalb des Unternehmens verschiebt.[89] Wenn etwa auf einer vorgelagerten Managementebene die für den langfristigen Unternehmenserfolg notwendigen Entscheidungen getroffen werden und zu einem Konflikt zwischen Gewinn und Moral führen, befindet sich daraufhin die strategische Unternehmensführung in Zugzwang. Diese wiederum kann unter Umständen den geforderten Dialog mit den Anspruchsgruppen nicht gewährleisten und verschiebt den Konflikt auf die unternehmenspolitische Ebene. Kommt diese zu der Erkenntnis, dass nur durch die Beseitigung struktureller Sachzwänge langfristig ein Dialog aufrecht erhalten werden kann, läuft die Konzeption Ulrichs im Grunde auf eine Änderung staatlicher Rahmenbedingungen hinaus. Eine solche Unternehmensethik lehnt Ulrich aber mit dem Einwand auf ein rein funktionales Verständnis entschieden ab.[90]

(d) Schließlich ist festzuhalten, dass Ähnlichkeiten zwischen den Konzeptionen von Ulrich sowie Steinmann et al. bestehen. Beide Ansätze berufen sich auf das Diskursprinzip und gehen von einem Primat der Ethik aus. Während das Diskursprinzip unter dem Gesichtspunkt des Stakeholder-Konzepts durchaus positiv beurteilt werden kann, erscheint eine Vernachlässigung des Gewinnziels aufgrund moralischer Forderungen unter Wett-

---

88 Daher beanstandet sogar Karl-Otto Apel – einer der Protagonisten der Diskursethik – an Ulrichs Drei-Ebenen-Konzeption *„geradezu ungeheuerliche Idealisierungen"*. Vgl. *Apel* (1988), S. 297

89 Ähnlich *Aufderheide* (1995), S. 164

90 Vgl. *Ulrich* (1996), S. 153

bewerbsbedingungen fragwürdig. Marktwirtschaftlich orientierte Kritiker werfen insbesondere Ulrich vor, mit seinem Ansatz den Bereich ökonomischer Realität verlassen zu haben.

III. Funktionale Ethik – Der Ansatz von Karl Homann et al.

Karl Homann et al. sehen die staatliche *„Rahmenordnung als systematischen Ort der Moral"*.[91] Der marktwirtschaftliche Wettbewerbskontext setzt unternehmerischen Handlungsspielräumen enge Grenzen und wird nach Auffassung der Autoren in den beiden vorausgegangenen Entwürfen vernachlässigt. Fallen Moral und Gewinn nicht zusammen, sollte der Konflikt nicht auf der unternehmerischen Handlungsebene, sondern nach Möglichkeit auf einer höheren, ordnungspolitischen Ebene aufgelöst werden.

1. Wettbewerbsbedingungen als Ausgangspunkt

Grundlage der Konzeption ist die Hervorhebung marktwirtschaftlicher Wettbewerbsbedingungen: *„Unternehmensethik thematisiert das Verhältnis von Moral und Gewinn in der Unternehmensführung und befaßt sich mit der Frage, wie moralische Normen und Ideale unter den Wettbewerbsbedingungen der modernen Marktwirtschaft von den Unternehmen zur Geltung gebracht werden können"*.[92]

Im Sinne von Adam Smiths Harmonieprämisse argumentieren die Autoren, dass Handlungen von Unternehmern zunächst grundsätzlich moralfrei sind. Aufgrund einer Trennung zwischen der Ebene der Rahmenordnung und des Handelns innerhalb dieser Rahmenordnung sollte zwischen Spielregeln, die in der staatlichen Rahmenordnung für alle Wirtschaftsakteure verbindlich festgelegt sind und den am Eigeninteresse orientierten Spiel-

---

91 *Homann/Blome-Drees* (1992), S. 114

92 *Homann/Blome-Drees* (1992), S. 117

zügen unterschieden werden. Sind die Spielregeln richtig gesetzt und werden sie von den Akteuren auch eingehalten, fallen Gewinn und Moral zusammen. Dem Wettbewerb kann somit unter Effizienzgesichtspunkten moralische Qualität zugemessen werden.

Da insbesondere durch ordnungspolitische Versäumnisse eine solche ideale Rahmenordnung in der Realität nicht gegeben ist, fällt die moralische Verantwortung vorübergehend an den einzelnen Unternehmer zurück. Die Forderung, das Gewinnziel im Konfliktfall zur Disposition zu stellen, halten die Autoren für wenig ratsam. Spieltheoretische Illustration ist hierfür das Gefangenen-Dilemma. Aufgrund negativer Anreizstrukturen kommt es zu einer kollektiven Selbstschädigung, welche die Harmonieprämisse von Gewinn und Moral außer Kraft setzt. Unternehmen können nach Auffassung von Homann et al. das Gefangenen-Dilemma nicht durch vereinzelte Spielzüge, sondern nur durch eine Änderung der Spielregeln überwinden: *„Unter den Bedingungen einer defizitären Rahmenordnung zeigt sich das moralische Engagement eines Unternehmens vor allem in der Wahrnehmung der politischen Verantwortung und nicht so sehr durch einseitige Vorleistungen im Wettbewerb"*.[93]

2. Moral als exogene Größe

Homann et al. setzen moralische Normen als gegeben voraus, da nach ihrer Auffassung diese nicht durch eine Unternehmensethik erzeugt werden können. Unter Moral verstehen die Autoren Normen und Ideale, die individuelles Handeln leiten und bei Nichtbeachtung Missbilligung hervorrufen.[94] Einer Begründung moralischer Normen wird im Rahmen ihres Ansatzes keine besondere Bedeutung zugemessen. Schwerpunkt sind vielmehr hypothetische Aussagen über die Realisierbarkeit nicht näher

---

93 *Homann/Blome-Drees* (1992), S. 162

94 Vgl. *Homann/Pies* (1994), S. 97

definierter Normen.[95] Als Erklärung für diese Vorgehensweise wird auf grundsätzliche Schwierigkeiten verwiesen, die sich bei der Begründung moralischer Normen ergeben können. Daher erfolgt lediglich eine sehr weite Definition anhand des Prinzips der Solidarität aller Menschen oder auch Goldenen Regel.[96] Kann durch die Unternehmensleitung festgestellt werden, dass eine moralische Anforderung berechtigt ist und die staatliche Rahmenordnung deren wettbewerbsneutrale Durchsetzung nicht gewährleistet, raten Homann et al. zu den nachfolgenden Strategien.

3. Konfliktlösung durch Änderung der Rahmenordnung

Wie in Abbildung vier ersichtlich, werden von den Autoren den potenziell konkurrierenden Zielen Moral und Gewinn zwei idealtypische Ausprägungen zugeordnet. Im Kompatibilitätsfall (1) ist die gleichzeitige Realisierung von moralischen und ökonomischen Zielen möglich, da moralisches Handeln den Unternehmensgewinn fördert. Nicht von Bedeutung ist hingegen Fall (4), der nur zur Vollständigkeit erwähnt wird. Im moralischen Konfliktfall (2) wird eine Situation dargestellt, in der durch die Verfolgung des Gewinnziels moralische Anforderungen nicht erfüllt werden. Selbst wenn gesetzliche Vorschriften eingehalten werden, erscheinen unternehmerische Handlungen unter ethischen Gesichtspunkten fragwürdig. Der ökonomische Konfliktfall (3) beschreibt eine Situation, in der ein Unternehmen durch die Erfüllung moralischer Anforderungen Gewinneinbußen erleidet.[97]

---

95 Vgl. *Pies/Blome-Drees* (1993), S. 751f.

96 Die Goldene Regel postuliert, so zu handeln, wie man selbst von anderen behandelt werden möchte. Normalerweise wird von guten Handlungen ausgegangen. Zu den vielfältigen Ausprägungen und dem religiösen Hintergrund vgl. *Enderle* (1988), S. 130ff. Homann et al. argumentieren nicht konsistent, da sie an anderer Stelle Bezug auf Kants kategorischen Imperativ nehmen. Vgl. *Homann/Blome-Drees* (1992), S. 15f. und 157f.

97 Vgl. hierzu sowie zu den folgenden Ausführungen *Homann/Blome-Drees* (1992), S. 132ff.; *Pies/Blome-Drees* (1993), S. 752ff.

Abbildung 4: Das Entscheidungsproblem nach Homann et al.

		Moralische Akzeptanz	
		Ja	Nein
Gewinnerzielung	Ja	Kompatibilitätsfall (1)	Moralischer Konfliktfall (2)
	Nein	Ökonomischer Konfliktfall (3)	Bedeutungsloser Fall (4)

Quelle: In Anlehnung an *Homann/Blome-Drees* (1992)

Aufbauend auf diesem Schema entwickeln Homann et al. für Konfliktsituation drei verschiedene Strategieempfehlungen.

Im Rahmen einer Wettbewerbsstrategie wird vorgeschlagen, durch erhöhte Forschungs- und Entwicklungsinvestitionen innovative Produkte oder Verfahrensweisen zu entwickeln. Ein Beispiel hierfür sind ökologische Produkte. Daneben kann es für Unternehmen, bei denen die gesellschaftliche Akzeptanz von hoher Bedeutung ist, auch erfolgsversprechend sein, durch individuelle Selbstbindung ethische Überlegungen zu berücksichtigen und in der Öffentlichkeit zu kommunizieren. Ziel ist dabei, ein positives Firmenimage aufzubauen.

Die ordnungspolitische Strategie zielt auf eine Veränderung der bestehenden Rahmenordnung ab. Ordnungspolitische Strategien können maßgeblich durch die Teilnahme am politischen Willensbildungsprozess oder als kollektive Selbstbindung in Form von Branchenkodices realisiert werden. Eine Schwierigkeit stellt hier allerdings mögliches Trittbrettfahrer-Verhalten dar. Problematisch ist zudem, dass Branchenkodices sich am niedrigsten moralischen Standard orientieren können und damit ihren eigentlichen Zweck verfehlen, weshalb Branchenkodices sich nur als vorübergehende Lösung eignen.

Eine Marktaustrittsstrategie empfiehlt sich dann, wenn unternehmerisches Handeln sowohl ökonomischen wie moralischen Anforderungen nicht genügt und weder Wettbewerbs- noch ordnungspolitische Strategien Aussicht auf Erfolg bieten. Diese drei Strategien werden nun den jeweiligen Quadranten zugeordnet.

Abbildung 5: Empfehlungen im Konfliktfall nach Homan et al.

		Moralische Akzeptanz	
		Ja	Nein
Gewinnerzielung	Ja	Wettbewerbs-strategie (1)	Wettbewerbs- und Ordnungspolitische Strategie (2)
	Nein	Ordnungspolitische Strategie (3)	Marktaustritts-strategie (4)

Quelle: In Anlehnung an *Homann/Blome-Drees* (1992)

Für den Kompatibilitätsfall (1) empfiehlt sich eine Wettbewerbsstrategie, da durch moralisches Handeln zugleich auch potenzielle Gewinne steigen beziehungsweise sich zusätzlich steigern lassen. Können wie im Fall (4) langfristig Gewinnerzielung und moralische Erfordernisse nicht in Einklang gebracht werden, empfehlen Homann et al. vom Markt auszutreten.

Im moralischen Konfliktfall (2) stehen einem Unternehmen zwei Alternativen offen. Mit einer Wettbewerbsstrategie kann durch eine individuelle Verhaltensänderung versucht werden, moralische Akzeptanz zu erzielen. Die ordnungspolitische Strategie setzt dagegen auf eine Verhaltenskoordination aller Wettbewerber. Im ökonomischen Konfliktfall (3) gehen Homann et al. aufgrund von Wettbewerbszwängen davon aus, dass sich moralische Anliegen nicht durch individuelle Verhaltensänderungen durchsetzen lassen. Hier besteht für ein Unternehmen die einzige Möglichkeit darin, auf ordnungspolitischem Wege eine für alle Wettbewerber verbindliche moralische Norm zu etablieren.

4. Kritische Würdigung

(a) Trifft die Einschätzung der Autoren zu, dass im wesentlichen Politikversagen als Ursache von Mängeln in der staatlichen Rahmenordnung anzusehen ist, wird nicht ersichtlich, wieso ein Unternehmen im Konfliktfall ausgerechnet ordnungspolitisches Engagement zeigen soll. Vielmehr ist unter diesen Umständen davon auszugehen, das gerade die politische Ebene als Ursache des Konflikts gemieden wird.

(b) Darüber hinaus dürfte der Versuch, die lückenhafte und defizitäre Rahmenordnung angesichts dynamischer technischer und wirtschaftlicher Entwicklungen zu verbessern, zu einem immer dichter werdenden Netz an Regelungen führen. Gerade aus marktwirtschaftlicher Perspektive heraus müssten Homann et al. versucht sein, die ordnungspolitischen Aufgaben und den Kontrollaufwand des Staats nicht unnötig auszudehnen. Hier ist zu fragen, ob nicht eine mögliche Marktsteuerung durch individuelle oder kollektive Selbstbindungen unnötig gebremst wird. Im Sinne von Tit-for-Tat könnten beispielsweise längerfristige Bindungen zwischen Unternehmen kooperativ-ethisches Verhalten über den Marktprozess fördern. Homann et al. sehen dazu zwar Spielräume, halten sie aber für Provisorien, die möglichst durch Gesetze ersetzt werden sollten. Fraglich ist, ob nicht durch die These, die Rahmenordnung als systematischen Ort der Moral zu begreifen, der Aspekt einer individuellen Verantwortung von Unternehmern vernachlässigt wird.

(c) Homann et al. unterstellen ordnungspolitischen Regeln eine hohe Leistungsfähigkeit. Institutionelle Arrangements bilden allerdings stets eine Vergangenheitssituation ab und laufen damit aktuellen Entwicklungen hinterher. Unternehmen können darüber hinaus versucht sein, neuen Regeln durch innovatives Verhalten zu entgehen.[98] Ebenso ist darauf hinzuweisen, dass von Homann et al. nicht näher präzisiert wird, wie eine Änderung der Rahmenordnung ablaufen soll. Ungewiss ist, ob der Prozess zwischen ordnungspolitischer Einflussnahme, der Verabschiedung entsprechender Gesetze durch das Parlament sowie deren Inkrafttreten nicht zu langwierig ist. Daneben erfolgt kein Hinweis auf entsprechende Kosten eines solchen Engagements und ein nicht unerhebliches politisches Knowhow, das im Einzelfall von den jeweiligen Unternehmen verlangt wird. Ebenso erscheint utopisch, dass ein einzelnes Unternehmen auf internationaler Ebene wesentliche Änderungen beziehungsweise überhaupt die Etablierung geeigneter Rahmenordnungen in einem zeitlich angemessen Rahmen bewirken kann. Die Tragweite des Ansatzes ist damit eingeschränkt und lässt sich nicht wie die Autoren es fordern,[99] auf internationale Konfliktfälle übertragen.[100]

(d) Die dem Gefangenen-Dilemma zugrunde gelegte Verhaltensannahme geht auf das von Homann et al. mehrfach Bezug genommene Menschenbild nutzenmaximierender homines oeconomici aus. Kritiker heben hervor, dass die Argumentation von der Realitätsnähe dieses Menschenbildes abhängig ist.[101] Darüber hinaus wird argumentiert, dass gerade der homo oeconomicus als Ursache für einen Konflikt zwischen Gewinn und Moral

---

98 Vgl. *Lammers/Schmitz* (1995), S. 58ff.

99 Vgl. *Homann* (1992), S. 83. Zu einer ausführlichen Diskussion internationaler Aspekte und der Forderung nach der Notwendigkeit einer Welt-Rahmenordnung vgl. *Homann/-Gerecke* (1999), S. 431ff.

100 Ähnlich *Sautter* (1994), S. 68

101 Zu dieser Frage vgl. ausführlich *Kirchgässner* (1991), S. 12ff. und S. 176ff. Unklar bleibt bei Homann et al., welche Auffassung sich hinter dem homo-oeconomicus-Menschenbild verbirgt. Auf unterschiedliche Ausprägungen ökonomischer Rationalität, wie dem homo oeconomicus der jüngsten Generation, dem REMM *(Resourceful Evaluative Maximizing Man)*, wird kein Bezug genommen. Vgl. hierzu *Aufderheide* (1995), S. 54ff.

anzusehen ist. Im Sinne einer selbsterfüllenden Prophezeiung werden von Unternehmern bereits im Laufe ihrer Ausbildung wie selbstverständlich Gesetzmäßigkeiten verinnerlicht, die auf ihren ethischen Gehalt hinterfragt werden müssten.[102]

IV. Zusammenfassung

Alle drei ausgewählten unternehmensethischen Konzeptionen analysieren das Verhältnis von Gewinn und Moral auf Unternehmensebene und gelangen zu normativen Handlungsempfehlungen. Abbildung sechs fasst noch einmal die wesentlichen Inhalte dieses Kapitels tabellarisch zusammen.[103] Während Steinmann et al. die Einschränkung des Gewinnziels im Konfliktfall fordern, steht bei Ulrich die Kritik und Weiterentwicklung des ökonomischen Rationalitätsverständnisses im Mittelpunkt seiner Überlegungen. In beiden Ansätzen spielen diskursethische Gedanken eine zentrale Rolle.[104] Aus marktwirtschaftlicher Sichtweise argumentierend schlagen Homann et al. auf Basis des Gefangenen-Dilemmas eine ordnungspolitische Konfliktlösung vor und lassen eine inhaltliche Definition ethischer Grundsätze weitgehend offen. Nach Auffassung des Autors weisen die Ansätze neben den erwähnten Kritikpunkten sowie partiell

---

102 Ähnlich *Kerber* (1988), S. 255. Zu einem Übersichtsartikel hinsichtlich der moralischen Urteilskraft von Wirtschaftsstudenten vgl. *Löhr* (1998), S. 185ff.

103 Zu den einzelnen Konzeptionen liegt eine Vielzahl an Publikation vor, die aufgrund unterschiedlicher Akzentuierungen teilweise abweichende Lesearten zu den hier skizzierten Darstellungen ermöglichen. Obwohl diese Uneinheitlichkeit eine systematische Analyse erschwert und für sich alleine schon kritikwürdig ist, wurde versucht, zu einer konsistenten Gesamtdarstellung zu gelangen. Auffällig ist in diesem Zusammenhang weiterhin, dass in der unternehmensethischen Diskussion keine wesentliche inhaltliche Weiterentwicklung der jeweiligen Ansätze erfolgt, sondern in oftmals polemischer Form der gegnerische Ansatz kritisiert wird, um anschließend die eigene Position zu rechtfertigen.

104 Kritisiert wird häufig der Anwendungsbezug des Diskursprinzips. Interessanterweise lassen sich die Konzeptionen auch unabhängig davon betrachten, stellen dann aber lediglich eine schlichte Prioritätsregel dar.

inkonsistenten oder undeutlichen Ausarbeitungen drei wesentliche Schwächen auf.

(1) Störend ist zum einen die eng gefasste Problemstellung auf einen Konflikt zwischen Gewinn und Moral. In den Konzeptionen wird offen gelassen, was der Gewinnbegriff tatsächlich beinhaltet und welchen Motiven, Zielsetzungen und Ansprüchen unternehmerisches Gewinnstreben unterliegt. Wie im folgenden gezeigt wird, lässt sich unternehmerischer Gewinn ebenso wie Unternehmenserfolg nur näherungsweise bestimmen. Eine Fokussierung des Gewinnbegriffs zwecks besserer Operationalisierung scheidet damit weitgehend aus. Problematisch an der Fragestellung ist, dass durch diese eindimensionale Betrachtung der Entscheidungskonflikt ungenau beziehungsweise falsch definiert werden kann. Darüber hinaus entsteht insbesondere bei Ulrich streckenweise der Eindruck, dass dem unternehmerischen Streben nach Gewinn und Wachstum per se etwas unmoralisches anhaftet.

(2) Überraschend ist zum anderen, dass alle Ansätze ein sehr pauschales Konfliktlösungspotenzial aufweisen, indem sie bestimmte Handlungsweisen von Unternehmen fordern, ohne jedoch auf spezifische Situationen einzugehen. Beispielsweise erfolgt keine explizite Trennung zwischen innerbetrieblichen und außerbetrieblichen Konfliktsituationen. Einzelne Funktionsbereiche wie etwa Marketing, Produktion, Beschaffung oder Finanzierung, die vor sehr unterschiedliche gelagerte Entscheidungssituationen gestellt werden, werden nicht thematisiert.[105] Problematisch ist diese Vorgehensweise insofern, da in Konfliktsituationen häufig keine echten Entweder-oder-Entscheidungen getroffen werden, sondern Abwägungen eine Rolle spielen.

---

105 Vgl. *Grabner-Kräuter* (2000), S. 76ff.; ansatzweise Pasquier-Dorthe (1987), S. 425ff

(3) Schließlich lassen sich insbesondere im Hinblick auf die im Rahmen der Arbeit durchgeführten Interviews Dissonanzen zwischen den in den Konzeptionen erhobenen Forderungen und tatsächlichen unternehmerischen Konfliktsituationen identifizieren. Die Ursache dürfte zwar an einer grundsätzlichen Divergenz zwischen abstrakten, sich widersprechenden ethischen Grundsätzen und deren konkreten Umsetzung liegen.[106] Zu bemängeln ist allerdings, dass es den Ansätzen nicht gelingt, diesen Gegensatz abzubauen.

Abbildung 6: Überblick zu ausgewählten Ethik-Konzeptionen

	Korrektive Ethik	Integrative Ethik	Funktionale Ethik
Autoren	Horst Steinmann et al.	Peter Ulrich	Karl Homann et al.
Problemstellung	Moral vs. Gewinn	Moral vs. Gewinn	Moral vs. Gewinn
Zielsetzung	Konfliktlösung in der Praxis	Versuch einer theoretischen Erweiterung der Wirtschaftswissenschaft	Entwicklung von Handlungsstrategien
Kernidee	Beschränkung möglicher negativer Auswirkungen des Gewinnprinzips im Konfliktfall (auf der Basis eines Anwendungsfalls)	Erweiterung der ökonomischen Rationalität um eine kommunikativ-ethische Komponente (auf der Basis einer Grundlagenkritik)	Langfristige Lösung von Konflikten über die staatliche Rahmenordnung (aufbauend auf Überlegungen zur Überwindung von Dilemmastrukturen)
Verhältnis von Wirtschaft und Ethik	Forderung nach einem Primat der Diskursethik im Konflikt	Grundsätzliche Forderung nach einem Primat der Diskursethik	Gleichwertig; im Konfliktfall erklären Anreizstrukturen eine Vernachlässigung der Moral

106 Vgl. zu einer generell kritischen Einschätzung der Wirtschaftsethik etwa *Luhmann* (1993), S. 134ff.

Wesentliche Kritikpunkte	(a) Fundierung anhand des Nestlé-Falls fragwürdig (b) Umsetzungsprobleme des Diskursprinzips (c) Aus marktwirtschaftlicher Perspektive: Wettbewerbskontext wird vernachlässigt (d) Zwischen unternehmerischer Gewinnorientierung und moralischem Handeln muss nicht zwangsläufig ein Konflikt bestehen	(a) Ansatz ist vielschichtig und lässt unterschiedliche Interpretationen zu (b) Umsetzungsprobleme des Diskursprinzips (c) Fragwürdige Rationalitätskonzeption mit unklaren Anwendungsbezug (d) Aus marktwirtschaftlicher Perspektive: Wettbewerbskontext wird vernachlässigt	(a) Unternehmer meiden möglicherweise politisches Engagement (b) Einseitige Hervorhebung der Rahmenordnung bei Vernachlässigung individueller Verantwortung (c) Der Änderungsprozess ist sehr langwierig und lässt sich nicht auf internationale Zusammenhänge übertragen (d) Konzeption ist abhängig vom Realitätsgehalt des homo-oeconomicus-Menschenbilds

Quelle: Eigener Entwurf auf Basis der zitierten Literatur

E. Systematische Ansatzpunkte zur Auflösung eines Konflikts

Zielsetzung dieses Kapitels ist, Vorschläge zu entwickeln, die auf eine Auflösung des Konflikts zwischen unternehmerischen Erfolgskriterien und ethischen Ansprüchen hinwirken. Aufbauend auf der bisherigen Diskussion werden dazu die im Rahmen dieser Arbeit diskutierten Hinweise zusammengeführt und um weitere Aspekte ergänzt.[107] Im Gegensatz zu den in Kapitel D untersuchten unternehmensethischen Konzeptionen, die verbindliche Handlungsweisen vorschreiben, zeigen die nachfolgenden Ausführungen in allgemeiner Form mögliche Ansatzpunkte auf, deren Anwendbarkeit von der jeweiligen Situation abhängen dürfte.[108] Inwiefern diese Vorschläge von Unternehmern, die mit ethischen Entscheidungskonflikten konfrontiert sind, als praktikabel angesehen werden, wird in einem abschließenden empirischen Abschnitt überprüft.

I. Berücksichtigung langfristiger Konsequenzen

Kapitel B zeigt, dass zwischen Erfolgskriterien und ethischen Wertorientierungen unter Berücksichtigung der Zeitdimension vielfach nicht eine konkurrierende, sondern eine komplementäre Beziehung bestehen kann.

---

[107] In verschiedenen amerikanischen *Business-Ethics*-Ansätzen wird versucht, ethische Entscheidungsprozesse zu modellieren. Häufig handelt es sich um normative Modelle, die anhand von Prüffragen versprechen, eine pragmatische Hilfestellung für Konfliktsituationen bereitzustellen. Insbesondere auf das *Utility-Rights-Justice-Modell* von *Cavanagh/Moberg/Velasquez* (1981), S. 363ff. und *Cavanagh/Moberg/Velasquez* (1995), S. 399ff. wird häufig Bezug genommen. Aufgrund einer Reihe von Anwendungsproblemen, die den Wert solcher Modelle auf die Sensibilisierung von Entscheidungsträgern für ethische Fragestellungen reduzieren dürften, werden diese Konzepte nicht näher betrachtet. Zu einer kritischen Darstellung vgl. *Grabner-Kräuter* (1998), S. 209ff.

[108] Grundlage hierfür sind in den folgenden Ausführungen verschiedene Phasen im unternehmerischen Entscheidungsprozess. Dabei soll der Schwerpunkt der Betrachtung auf den der Entscheidung vorausgehenden Phasen der Problemformulierung, der Präzisierung des Zielsystems sowie der Erforschung möglicher Handlungsalternativen liegen. Die zugrunde liegende Idee ist dabei, zu einer verbesserten Entscheidungsgrundlage zu kommen. Zu einem Überblick vgl. *Hammond/Keeney/Raiffa* (1999), S. 12ff.; *Kleindorfer/Kunreuther/Schoemaker* (1993), S. 24ff.

Wenn durch ethische Anforderungen für ein Unternehmen zusätzliche Kosten entstehen, ist unter gewissen Voraussetzungen die Berücksichtigung von ethischen Grundsätzen langfristig im Interesse eines Unternehmens. Entscheidungen, die sich an ethischen Grundsätzen orientieren, verfügen in einem solchen Fall über den Charakter einer Investition.

Die Berücksichtigung eines langfristigen Zeithorizonts stellt demnach einen Anknüpfungspunkt zur Auflösung des Zielkonflikts dar. Die zugrunde liegende Idee ist, durch eine Beachtung der Konsequenzen verschiedener Entscheidungsalternativen den gegenwärtigen Zielkonflikt in einen Kompatibilitätsfall zu transformieren. Der Hinweis auf die Beachtung eines langfristigen Zeithorizonts ist insofern von Bedeutung, da Wirtschaftsakteure tendenziell anhand kurzfristiger Zeitpräferenzen entscheiden.[109] Dies bedingt die Gefahr, dass Unternehmen aus Mangel an gesellschaftlicher Akzeptanz langfristig mit Schwierigkeiten zu rechnen haben beziehungsweise zukünftige Marktchancen übersehen. Ein häufig erwähntes Beispiel hierfür ist der personalpolitische Bereich einer Unternehmung. So mag unter gegenwärtigen Rentabilitätsgesichtspunkten die Entlassung von Mitarbeitern für ein Unternehmen folgerichtig sein, langfristig kann durch einen Mangel an qualifizierten Mitarbeitern das Wachstum des Unternehmens beeinträchtigt werden.[110] Auch in verschiedenen unternehmensethischen Konzeptionen wird diese Überlegung aufgegriffen.[111]

Der Transformationsgedanke muss allerdings nicht in jeder Situation zutreffen. So können zum einen trotz positiver Effekte ethischer Grund-

---

109 Vgl. *Küpper/Picot* (1999), S. 144f.

110 Vgl. *Maucher* (1991), S. 405

111 Vgl. etwa *Homann/Blome-Drees* (1992), S. 129ff. Zu anderen Konzeptionen, die ebenfalls auf eine Beachtung der Zeitdimension hinweisen sowie zu einer Kritik siehe *Thielemann/Breuer* (2000), o.S.

sätze gegenwärtige Interessen im Vordergrund stehen. Dies gilt beispielsweise dann, wenn ein Unternehmen aufgrund seiner Liquiditätssituation nicht in der Lage ist, zukünftige Überlegungen zu berücksichtigen. Zum anderen ist denkbar, dass erst durch die angemessene Sicherung unternehmerischer Erfolgskriterien langfristig ethische Grundsätze verwirklicht werden können. In dem genannten personalpolitischen Fall könnte beispielsweise die Entlassung eines relativ kleinen Anteils an Mitarbeitern im Unternehmen utilitaristisch gerechtfertigt werden, da durch die Vermeidung einer Insolvenz ein Großteil der Beschäftigten vor Arbeitslosigkeit bewahrt wird. Streng genommen konkurrieren in diesem Beispiel aber nicht mehr ethische Überlegungen mit Erfolgskriterien. Vielmehr verbirgt sich hinter dem Erfolgsziel die ethische Überzeugung, dem Verlust von Arbeitsplätzen vorzubeugen. Erfolgt eine Abwägung auf der Basis des utilitaristischen Prinzips, ist dem Erfolgsziel möglicherweise Vorrang zu gewähren, da hierdurch für alle Mitarbeiter des Unternehmens insgesamt der geringste Schaden zu erwarten ist.

Zuletzt ist darauf hinzuweisen, dass vielfach durch die Berücksichtigung der Zeitdimension keine Kompatibilität zu erreichen ist. Da die Realisierung langfristig positiver Wirkungen moralischen Handelns für den Unternehmenserfolg zwangsläufig mit Unsicherheit oder Risiko behaftet ist, dürfte zum Entscheidungszeitpunkt ungewiss sein, in welchem Umfang beziehungsweise ob die beabsichtigten positiven Wirkungen überhaupt eintreten. Deshalb stellt die vorgeschlagene Handlungsoption lediglich einen ersten Ansatzpunkt zur Vermeidung des Zielkonflikts dar.

II. Konkretisierung des Gewinnziels

Für den Fall, dass zwei Zielgrößen in einem konkurrierenden Verhältnis zueinander stehen, drängt sich ein einfacher Gedanke auf. Durch die Herabsetzung oder vollständige Unterdrückung eines der beiden Ziele kann der Konflikt beseitigt werden.[112] In Kapitel C wird diese Position insbesondere von Steinmann et al. und von Ulrich über den Umweg einer Kritik an ökonomischen Rationalitätsprämissen vertreten. Kommt es zwischen beiden Zielsetzungen zum Konflikt, kann aufgrund des Anspruchs auf Allgemeinverbindlichkeit nach Auffassung der beiden Autoren nicht von ethischen Grundsätzen abgewichen werden. Eine Auflösung von Entscheidungsdilemmata kann daher nur über eine Herabsetzung des unternehmerischen Gewinnziels erreicht werden.

Trotz der bereits erwähnten Kritik an beiden Entwürfen, insbesondere aufgrund des eindimensionalen Erfolgskriteriums Gewinn, scheint dieser Vorschlag einen weiteren Ansatzpunkt zur Auflösung des Zielkonflikts darzustellen. Unter Wettbewerbsbedingungen ist allerdings zu prüfen, ob eine solche Handlungsweise für Unternehmer überhaupt praktikabel ist. Erstaunlicherweise begründen Steinmann et al. und Ulrich im Rahmen der zitierten Literatur lediglich eine moralische Forderung. Dabei lassen sich eine Reihe von Argumenten anführen, die darauf hinweisen, dass die Herabsetzung des Gewinnziels auch unter Wettbewerbsbedingungen eine Möglichkeit zur Auflösung des Zielkonflikts darstellen *kann*.

1. Zeitliche und inhaltliche Offenheit des Gewinnbegriffs

Unter dem Gewinnziel wird in der unternehmensethischen Diskussion häufig implizit die Maximierung des unternehmerischen Gewinns verstanden.[113] Übersehen wird dabei, dass die Gewinnmaximierungsthese vor allem ein theoretisches Hilfsmittel zur Analyse von Entscheidungssituationen darstellt.[114] Unter Anwendungsgesichtspunkten ist dagegen unklar, was unter einem maximalen Gewinn zu verstehen ist. Für Unternehmer ist

---

112 Vgl. *Küpper* (1997), S. 73

113 Vgl. *Steinmann/Löhr* (1988), S. 308; Ulrich (1987), S. 30f.

114 Vgl. *Schneider* (1990), S. 876f.

es ausgesprochen schwierig zu beurteilen, ob ein solcher Gewinn erwirtschaftet worden ist oder in Zukunft zu erwarten ist. Da der Gewinn von einer Vielzahl unternehmerischer Entscheidungen und weiterer externer Einflussfaktoren abhängt, fehlt ein eindeutiger Maßstab zur Ermittlung des Gewinnmaximums.[115] Darüber hinaus lässt sich der Gewinnbegriff nicht eindeutig konkretisieren. Auf eine einzige Abrechnungsperiode bezogen sind viele Unternehmen durch Rechtsvorschriften dazu verpflichtet, verschiedene Gewinngrößen zu ermitteln: den steuerlichen Periodengewinn und den handelsrechtlichen Jahresüberschuss. Unter Umständen nehmen Unternehmen sogar eine Gewinnermittlung auf Basis ausländische Rechnungslegungsnormen vor. Zusätzlich entwickeln viele Unternehmen interne Gewinnkennzahlen in der Kosten- und Leistungsrechnung. Daneben existieren verschiedene mehrperiodige Verfahren zur Gewinnermittlung, die sich vor allem auf Annahmen über die Kaufkraft von Konsumenten und deren Verteilung über den Planungszeitraum sowie den Wert des Vermögens am Ende des Zeitraumes beziehen.[116] Festzuhalten ist deshalb zunächst, dass eine vermeintlich eindeutige Gewinngröße in der Realität nicht bekannt ist. Da das Gewinnziel in inhaltlicher und zeitlicher Hinsicht offen ist, dürfte grundsätzlich auch ein Entscheidungsspielraum zur Verfügung stehen, der die Einbeziehung von ethischen Überlegungen in unternehmerische Entscheidungen ermöglichen kann.[117]

2. Festlegung eines zufriedenstellenden Gewinns

Anstatt des Ziels der Maximierung des Unternehmensgewinns wird als realistische Variante häufig die These vom *satisfying profit* vertreten. Diese lässt sich maßgeblich auf Arbeiten von Herbert Simon zurück-

---

115 Vgl. *Thommen* (1996), S. 189

116 Vgl. *Küpper* (1988), S. 229f.

117 Diese Argumentation ist nicht unproblematisch, da individuell eine fest definierte Gewinngröße sehr wohl vorhanden sein kann.

führen.[118] Ausgehend von einer begrenzten kognitiven Kapazität und einem bescheidenen Informationsstand des Entscheidungsträgers in realen Entscheidungssituationen wird nicht mehr unbedingtes, sondern beschränktes Rationalverhalten vorausgesetzt. Ebenso wird die Forderung nach einer Maximierung des Gewinns durch eine Satisfizierungs-Regel ersetzt, die sich am Anspruchsniveau des Entscheidenden ausrichtet. Mit der Einbeziehung des Anspruchsniveaus fließen verhaltenstheoretische Überlegungen in die Betrachtungen ein. Das Anspruchsniveau stellt das vom Entscheidungsträger angestrebte Maß der Zielerreichung dar und resultiert aus dem Streben nach Erfolg, dem Versuch, Misserfolg zu vermeiden sowie aus einer subjektiven Beurteilung der Erfolgschancen, etwa durch Erfahrungen in der Vergangenheit.[119]

Wird unter dem Gewinnziel die Sicherung eines zufriedenstellenden Niveaus verstanden, sind Unternehmer unter Wettbewerbsbedingungen lediglich dazu angehalten, eine Gewinnschwelle zu überschreiten, die beispielsweise das langfristige Überleben am Markt sicherstellt. Durch den Hinweis auf beschränktes Rationalverhalten wird verständlich, dass Unternehmer nicht alle Gewinnmöglichkeiten jederzeit voll ausschöpfen müssen. Um am Markt zu überleben reicht es, einen suboptimalen Gewinn zu erwirtschaften, welcher etwa an der branchentypischen Gewinnspanne oder den Erwartungen der Anteilseigner ausgerichtet ist. Tendenziell dürfte sich durch die Festlegung eines zufriedenstellenden Gewinnniveaus die Möglichkeit erhöhen, ethische Grundsätze in unternehmerischen Entscheidungen zu berücksichtigen. Allerdings lässt sich keine Aussage darüber treffen, ob das Ausmaß des Entscheidungsspielraums ausreicht, ethische Zielsetzungen hinreichend zu berücksichtigen.

---

118 Vgl. hierzu *Simon* (1957), insbesondere Kapitel 14

119 Vgl. *Simon* (1959), S. 253ff.

3. Gewinnorientierung als Zwischenziel

Neben dem Gewinn sind für Unternehmer ebenfalls eine Reihe nicht-finanzieller Zielsetzungen von Bedeutung. Diese Ziele können sehr vielfältig sein. In empirischen Untersuchungen werden etwa Selbstverwirklichung, Unabhängigkeit und die Realisierung persönlicher Ideale genannt.[120] Obwohl unter Wettbewerbsbedingungen die Sicherung eines zufriedenstellenden Gewinns auch bei Einbeziehung mehrdimensionaler Ziele eine bedeutsame Rolle spielt, kann nicht ausgeschlossen werden, dass nicht-materielle Aspekte neben dem Gewinnziel einen ausschlaggebenden Einfluss auf unternehmerisches Handeln ausüben.

Damit eröffnet sich für die Einbeziehung von ethischen Grundsätzen in unternehmerische Entscheidungen ein weiterer Aspekt. Neben dem Hinweis auf die Mehrdimensionalität unternehmerischer Zielsetzungen und die damit verbundene Relativierung des Gewinnziels stellt sich unter Umständen der ursprüngliche Zielkonflikt zwischen dem Erfolgskriterium Gewinn und einer Berücksichtigung ethischer Überlegungen in völlig veränderter Form dar. Dies ist dann der Fall, wenn unternehmerischer Gewinn als Zwischenziel, also als ein Mittel zur Erreichung anderer Zielsetzungen verstanden wird.[121] Ist die Durchsetzung persönlicher Ideale ein wesentliches Motiv unternehmerischen Handelns und besteht der Wunsch, diese in Einklang mit ethischen Grundsätzen zu bringen, kann die temporäre Einschränkung des Zwischenziels Gewinn für Unternehmer eine plausible Handlungsweise darstellen. Daneben können auch eigennützige Handlungsweisen positive Auswirkungen besitzen. Beispielsweise kann ein Ziel

---

120 Vgl. *Albach* (1993), S. 12ff.; *Höflacher* (1998), S. 1422f.

121 Vgl. *Eisenführ/Weber* (1999), S. 59

nicht-finanzieller Art die Beschäftigung möglichst vieler Mitarbeiter sein, da hiervon oft Ansehen und Macht des Unternehmers abhängen.[122]

III. Prüfung möglicher Handlungsalternativen

Ein eleganter Ansatzpunkt zur Auflösung des Konflikts kann darin bestehen, nach neuen Alternativen zu suchen, mit denen die gleichzeitige Erfüllung ökonomischer und ethischer Zielsetzungen erreichbar wird. In vielen Fällen sind akzeptable Alternativen zunächst nicht bekannt. Es erscheint daher bedeutsam, solche überhaupt zu generieren. Vielfach wird darauf hingewiesen, dass die Suche nach Handlungsalternativen in der Praxis häufig unterbleibt, da etwa unter Zeitdruck die Bedingungen ungünstig sind.[123] Obwohl verschiedene Kreativitätstechniken zur Erzeugung von Alternativen bekannt sind, dürfte eine Generierung tragfähiger Konzepte vom Einzelfall abhängig sein. Aus den bisherigen Ausführungen lassen sich allerdings Hinweise ableiten, die in den nachfolgenden Abschnitten kurz vorgestellt werden.

1. Ermittlung einer Kompromisslösung

Eine unzulässige Einschränkung der Lösungsmöglichkeiten kann sich dadurch ergeben, dass nur scheinbar eine Erfolg-oder-Moral-Entscheidung zu treffen ist. Handlungsalternativen müssen nicht immer in dieser Form vorgegeben sein. Neben einer Festlegung des Anspruchsniveaus von Erfolgskriterien kann ebenfalls geprüft werden, ob nicht durch die Herabsetzung ethischer Anforderungen der Zielkonflikt aufgelöst oder zumindest verringert werden kann. Grundidee bei der Abweichung von ethischen Maximalforderungen ist dabei, zu einer Kompromisslösung zu gelangen.

---

122 Vgl. *Höflacher* (1998), S. 1422

123 Vgl. *Eisenführ/Weber* (1999), S. 74

Obwohl Kompromisse generell als eine geeignete und häufig verwendete Methode zur Auflösung von Zielkonflikten in Unternehmungen angesehen werden,[124] entsteht die Frage, ob Ausgleichsvereinbarungen zwischen unternehmerischen Erfolg und ethischen Grundsätzen überhaupt möglich sind. Besteht zwischen, beiden Zielsetzungen ein echtes Entweder-Oder-Verhältnis, erscheint ein Kompromiss zunächst nicht vorstellbar. Nach Auffassung des Autors widerspricht die Unterdrückung von ethischen Zielsetzungen in einem solchen Fall dem Selbstverständnis von Ethik. Der Anspruch auf Verbindlichkeit wird sinnlos, wenn ausgerechnet im Konfliktfall, in dem moralisches Handeln erforderlich ist, von unbequemen ethischen Grundsätzen abgewichen wird.

Die Möglichkeit eines Kompromisses ergibt sich unter Umständen aber dann, wenn sich hinter dem unternehmerischen Erfolgsziel eine ethische Überzeugung verbirgt. Erfolg ist in einem solchen Fall ein Zwischenziel, also ein Mittel zur Erreichung ethischer Zielsetzungen. Unternehmerische Entscheidungskonflikte stellen sich dann nicht als Wahlhandlung zwischen moralischen oder unmoralischen Alternativen dar. Vielmehr handelt es sich um Abwägungen von Handlungsalternativen, die jeweils in unterschiedlichem Umfang über moralische Qualität verfügen.[125] In einer solchen Situation kann eine Kompromisslösung zwischen einem Erfolgskriterium und ethische Grundsätzen in Form einer Güteabwägung sinnvoll sein.

Kriterien zur Güteabwägung werden in der Literatur kontrovers diskutiert und stellen im wesentlichen die Frage, an welcher Präferenzordnung sich Entscheidungen im Konfliktfall orientieren sollten. Mögliche, gleichfalls

---

124 Vgl. *Bidlingmaier* (1968), S. 123ff.

125 Ähnlich *Steger* (1991), S. 193. Mit zahlreichen Beispielen begründet *Badaracco* (1997), S. 11ff. die These, dass in Unternehmen ethische Entscheidungskonflikte vornehmlich in Form von Richtig-richtig-Konflikten anzutreffen sind.

umstrittene Kriterien, mit deren Hilfe ethische Grundsätze gegeneinander abgewogen werden, finden sich in der Frage nach Ranghöhe und Dringlichkeit, Gemeinwohl und Eigenwohl sowie der Beachtung positiver und negativer Konsequenzen einer Handlung.[126]

Eine Abwägung setzt allerdings voraus, dass ethische Grundsätze teilbar sind. Teilbar bedeutet in diesem Zusammenhang, dass auch nach einer Herabsetzung ethischer Ansprüche eine Handlung weiterhin über moralische Qualität verfügt. Ein Beispiel für solche Konfliktsituation könnte die Entlassung von Mitarbeitern eines Unternehmens zur Vermeidung eines Insolvenztatbestandes darstellen. Utilitaristisch begründet ist durch die Entlassung einiger Mitarbeiter der geringste Schaden für alle zu erwarten, da im Falle einer drohenden Unternehmensschließung die gesamte Belegschaft arbeitslos würde. Indem sich die Entlassung auf Mitarbeiter konzentriert, bei denen soziale Härten im Vergleich zu anderen als geringer einzustufen sind, könnte dem Vorwurf vorgebeugt werden, individuelle Belange zu vernachlässigen und ungerecht vorzugehen.

An dieser Stelle ist allerdings kritisch anzumerken, dass die Teilbarkeit von ethischen Grundsätzen vielfach nicht realisierbar ist.[127] Kann etwa durch die Zahlung eines Bestechungsgeldes mit einer Umsatzsteigerung gerechnet werden, aus der sich positive Beschäftigungseffekte ergeben, stellen Kompromisslösungen in einem solchen Fall keine adäquate Handlungsweise dar. Wenn der Zahlungsempfänger auch bei verringertem Bestechungsgeld weiterhin seine Kooperationsbereitschaft erkennen lässt,

---

126 Vgl. *Korff* (1982), S. 78ff. Bei der Güteabwägung handelt es sich um eine umfangreiche Diskussion. Weiterführende Hinweise finden sich in *Feldhaus* (1999), S. 309ff. und *Ringeling* (1982), S. 78ff. Mit der Fragestellung kompromissfähiger Entscheidungen beschäftigen sich auch Ansätze der medizinischen Ethik vgl. *Gäfgen* (1984), S. 12ff.

127 Ein klassisches Beispiel für eine Situation, bei der Unteilbarkeit vorherrscht, sind zwei Frauen, die das gleiche Kind für sich beanspruchen und beim weisen Salomo Rat suchen. Da das Streitobjekt unteilbar ist, kann ein Entscheid nur für eine der Parteien erfolgen.

kann durch eine verminderte Zahlungsbereitschaft des Unternehmens keine Verringerung des Übels Korruption sichergestellt werden.[128] Zusätzlich ist zu bedenken, dass sich Kompromisslösungen nachteilig auf die Reputation eines Unternehmens auswirken können, falls es nicht gelingt, ethische Werte öffentlichkeitswirksam zu kommunizieren. Nach Ansicht des Autors ist eine Kompromisslösung aufgrund der beiden genannten Kriterien deshalb nur in einem Fall sinnvoll, wie die Abbildung sieben zeigt.

Abbildung 7: Anhaltspunkte für eine Kompromisslösung

	Erfolgsziel	Erfolgsziel mit ethischem Hintergrund
Unteilbarer ethischer Grundsatz	Entweder-Oder	Entweder-Oder
Teilbarer ethischer Grundsatz	Entweder-Oder	Kompromiss in Form einer Güteabwägung möglich

Quelle: Eigener Entwurf

2. Verlagerung auf eine höhere Ebene

Ein zweiter Anknüpfungspunkt zur Generierung von Handlungsalternativen ergibt sich aus der in Kapitel C vorgestellten Konzeption von Homann et al. Grundidee des Ansatzes ist, einen Konflikt zwischen Gewinn und Moral durch ordnungspolitisches Engagement von Unternehmen aufzulösen. Nur in Ausnahmefällen kann unter Wettbewerbsbedingungen durch das Unternehmen selbst eine Lösung gefunden werden. Wie bereits im Rahmen der kritischen Würdigung hervorgehoben, ist der Ansatz von Homann et al. mit einer Reihe von Schwächen behaftet, die seinen An-

[128] Zu gesamtwirtschaftlich negativen Auswirkungen von Korruption wie Effizienz- und Wachstumseinbußen, der Beeinträchtigung von Investitionsentscheidungen, der Benachteiligung von kleinen und mittleren Unternehmen und sozial schwachen Bevölkerungsschichten vgl. *Tanzi* (1998), S. 3ff.; *Engerer* (1998), S. 1ff.

wendungsbezug erheblich reduzieren. Ausgeschlossen werden kann allerdings nicht, dass in seltenen Fällen der von Homann et al. vorgeschlagene Lösungsweg zweckmäßig ist. Wichtig erscheint allerdings der Kerngedanke: Isoliert betrachtet lautet dieser, durch die Verlagerung auf eine höhere Ebene eine Auflösung des Zielkonflikt zu erreichen. Eine dem Unternehmen übergeordnete Ebene stellen allerdings nicht nur ordnungspolitischer Instanzen dar.

(a) In Anbetracht der beschränkten Leistungsfähigkeit ordnungspolitischer Regeln kann die wettbewerbsneutrale Einbeziehung von ethischen Grundsätzen in unternehmerische Entscheidungen in Form kollektiver Selbstbindung an Branchenkodices erfolgen.[129] Dabei handelt es sich um formelle oder informelle Regeln, die innerhalb von Märkten entwickelt und gestaltet werden. Der Vorteil von Branchenkodices liegt in einem höheren Anpassungsvermögen an sich ändernde Gegebenheiten und in einer größeren Flexibilität unternehmerischer Selbstorganisation. Ungeklärt ist allerdings die Frage, wie die Funktionstüchtigkeit derartiger Vereinbarungen sichergestellt werden kann. Neben der Gefahr, sich lediglich an Minimalstandards zu orientieren, kann die Leistungsfähigkeit von Branchenkodices insbesondere durch Trittbrettfahrer-Verhalten beeinträchtigt werden. Diese Kritik ist allerdings abzuschwächen, da im Sinne einer Tit-for-Tat-Strategie unter bestimmten Bedingungen selbsttragende Kooperation erfolgen kann. Die praktische Durchsetzbarkeit von Branchenkodices dürfte deshalb im wesentlichen von der Frage abhängen, welche Sanktionsmechanismen bei unkooperativem Verhalten anwendbar sind.

---

[129] Vgl. hierzu ausführlich *Lammers/Schmitz* (1995), S. 81ff. Ein Beispiel für Branchenkodices sind Vereinbarungen hinsichtlich eines Verzichts auf die Verwendung von Fluorchlorkohlenwasserstoffen in der Kühlindustrie.

(b) Auch die öffentlichkeitswirksame Kommunikation einer unternehmerischen Handlung stellt eine Verlagerung des Zielkonflikts auf eine höhere Ebene dar. Wenn beispielsweise unter Umweltschutzgesichtspunkten zusätzliche Kostenbelastungen durch ein Unternehmen bewusst in Kauf genommen und ohne Gewinnrückgang an Kunden direkt weitergegeben werden können, sind keine Wettbewerbsnachteile zu erwarten. Voraussetzung hierfür ist eine Informationspolitik, mit der ein Unternehmen die im Vergleich zu Konkurrenten höheren Preise medienwirksam rechtfertigen kann. Eine öffentlichkeitswirksame Kommunikation bietet darüber hinaus den Vorteil, einen zusätzlichen Werbeeffekt für das Unternehmen zu erzielen. Obwohl der Preis nicht einziger Faktor der Wettbewerbsfähigkeit eines Produkts oder einer Dienstleistung ist, stellt er ein bedeutsames Kaufkriterium dar, wodurch eine Weitergabe zusätzlicher Kosten Grenzen gesetzt sein dürften.

(c) Schließlich ist festzuhalten, dass durch die Heranziehung von Beratungsinstanzen oder von Vermittlern versucht werden kann, den Zielkonflikt auf eine neutrale Ebene zu verlagern. Streng genommen wird der Konflikt aber lediglich zeitweise auf eine andere Ebene übertragen. Eine Entscheidung muss letztlich vom Unternehmen selbst getroffen werden, da Beratungsinstanzen oder Vermittler keine Macht haben, eine von ihnen vorgeschlagene Entscheidung auch durchzusetzen. Fragwürdig an dieser Vorgehensweise ist, dass durch eine Delegation die individuelle Reflexion über den Zielkonflikt möglicherweise vernachlässigt wird. Eine zusätzliche Schwierigkeit ergibt sich daraus, mit der Wahl des jeweiligen Beraters oder Vermittlers bereits eine Vorentscheidung zu treffen. Der mögliche Vorteil eines solchen Vorgehens ist allerdings, den Entscheidungskonflikt genauer zu erkennen, Konsequenzen einer Entscheidung besser zu beurteilen oder zusätzliche Entscheidungsalternativen zu finden.

3. Suche nach innovativen Lösungen

Innovation wird vielfach als eine wichtige unternehmerische Aufgabe und möglicher Erfolgsfaktor begriffen.[130] Im Falle eines Entscheidungsdilemmas stellt Innovation einen weiteren Ansatzpunkt zur Auflösung des Konflikts dar, da sich hierdurch unternehmerische Handlungsspielräume erweitern lassen. In Kapitel C wird von Ulrich sowie Homann et al. auf diesen Aspekt hingewiesen, Innovation spielt in den Ansätzen allerdings keine zentrale Rolle. Erwähnt wird insbesondere der Umweltsektor: Durch die Entwicklung umweltschonender Technologien können demnach bei gleichzeitiger Gewährung unternehmerischer Erfolgskriterien auch moralische Ansprüche erfüllt werden.

Übersehen wird, dass es sich bei Innovationsabläufen nicht nur um die Entwicklung neuer Produkte handeln kann, sondern auch um eine Verbesserung von unternehmensinternen Prozessen. Wird durch Prozessinnovation eine Steigerung der Arbeitsproduktivität erreicht, ist die Suche nach innovativen Lösungen nicht nur unter Umweltschutzaspekten von Bedeutung, sondern stellt in übergreifender Weise einen Ausweg aus ethischen Entscheidungskonflikten dar. Ein personalpolitisches Dilemma lässt sich so möglicherweise durch die Optimierung bestimmter Arbeitsabläufe vermeiden, falls zusätzliche Handlungsspielräume geschaffen werden können.[131]

---

130 Vgl. die Ausführungen von *Schumpeter* (1912/1977), S. 14ff. zum „dynamischen Unternehmer". Zu einem empirischen Zusammenhang zwischen Innovation und Erfolg vgl. etwa *Gier/Kotzbauer* (1992), S. 974ff. Anzumerken ist allerdings, das dieser Zusammenhang auf Basis der *Profit-Impact-on-Market-Strategy*-Datenbank (PIMS) gewonnenen Ergebnisse vielfach umstritten ist.

131 In einer empirischen Untersuchung des ifo-Instituts wird als Motiv von Innovation an erster Stelle die Steigerung der Arbeitsproduktivität genannt. Vgl. *Schmalholz/Penzkofer* (1999), S. 4. Dabei ist zu beachten, dass eine gesteigerte Arbeitsproduktivität auch Rationalisierungsmaßnahmen implizieren kann.

Anzumerken ist allerdings, dass sich Innovation als eine Herausforderung darstellt, die erhebliche unternehmerische Kreativität verlangt und unter Umständen mit einem großen zeitlichen Vorlauf verbunden ist. Die Bereitschaft, nach innovativen Lösungen zu suchen, dürfte daneben von vielfältigen Faktoren abhängen. Neben finanziellen, personellen und technischen Engpässen stellt beispielsweise die Akzeptanz der Innovation bei Kunden und Mitarbeitern ein Hindernis dar. Nicht zuletzt kann unternehmerische Innovationsbereitschaft durch eine restriktive Gesetzgebung und lange Verwaltungsverfahren beeinträchtigt werden.[132]

IV. Empirische Beobachtungen

Im Rahmen dieses Abschnitts sollen die bisher identifizierten Ansatzpunkte zur Auflösung eines potenziellen Zielkonflikts auf ihre Relevanz überprüft, sowie den Ausführungen einige allgemeine Beobachtungen hinzugefügt werden. Hierzu wurde eine Erhebung in Form qualitativer Interviews durchgeführt. Obwohl qualitative Interviews eine Vielzahl an methodischen Problemen aufweisen,[133] wurde diese Umfrageform gewählt, da Auskünfte zu ethischen Entscheidungskonflikten zu komplex sind, um sie etwa in Form standardisierter Fragebögen in angemessener Form darstellen zu können. Darüber hinaus konnte durch dieses Vorgehen sichergestellt werden, dass die jeweiligen Antworten tatsächlich von den ausgewählten Führungskräften stammen. Um einen Vergleich zu ähnlich

---

132 Vgl. *Schmalholz/Penzkofer* (1999), S. 6f.

133 Verwiesen wird insbesondere auf den subjektiven Charakter qualitativer Interviews aufgrund der Beeinflussungsmöglichkeit seitens des Interviewers, Schwierigkeiten bei der Auswertung von nicht-standardisierten Fragen sowie eines zum Teil erheblichen Wissens und Einfühlungsvermögens, dass von beiden Seiten aufgebracht werden muss. Bezweifelt wird, dass die Hauptgütekriterien quantitativer empirischer Forschung (Objektivität, Reliabilität und Validität) bei diesem Verfahren gegeben sind. Allerdings können qualitative gegenüber quantitativen Erhebungsmethoden Vorteile besitzen und mögliche Schwächen durch eine geeignete Kombination mit quantitativen Methoden ausgeglichen werden. Zu einer Diskussion vgl. *Kepper* (1994), S. 182ff.; *Hopf* (1995), S. 177ff.

gelagerten Umfragen herzustellen, erfolgt im kommenden Abschnitt zunächst eine knappe Übersicht ausgewählter empirischer Studien, um nach methodischen Hinweisen zu den Ergebnissen zu gelangen.

1. Ausgewählte empirische Untersuchungen

Abbildung acht vermittelt einen Überblick ausgewählter empirischer Untersuchungen zu unternehmensethischen Fragestellungen. Nicht aufgeführt ist eine vielfach zitierte Untersuchung eines amerikanischen Jesuiten, welche mehrfach durchgeführt wurde und im wesentlichen zu einem negativen Bild ethischer Wertorientierungen von Unternehmern und Führungskräften kommt.[134] Anhand von Fragen mit vorgegebenen Antwortmöglichkeiten und konkreten Konfliktsituationen wurde regelmäßig eine höhere Selbsteinschätzung des eigenen moralischen Handelns im Vergleich zu durchschnittlichen Berufskollegen ermittelt. In einer ähnlichen Erhebung ethischer Orientierungen und Konflikte von Unternehmern und Führungskräften gelangen Kaufmann, Kerber und Zulehner ebenfalls zu einer weitgehend pessimistischen Bewertung, da sie vor allem bei jüngeren Befragten eine „opportunistische Grundeinstellung" feststellten.

Abbildung 8: Überblick zu ausgewählten empirischen Untersuchungen

Studie	Methodik	Kernaussagen	Kritik
Baumgartner & Partner Personalberatung (1997): Gehen Ethik und Gewinnstreben noch Hand in Hand?	Qualitative Interviews mit 100 Führungskräften der deutschen Wirtschaft, vorwiegend aus Großunternehmen	Ethische Maßstäbe sind bedeutsam, im Konflikt dominiert wirtschaftliches Handeln; Ehrlichkeit, Fairness und Verlässlichkeit als wichtige Grundsätze	Die Studie enthält eine Reihe von Unstimmigkeiten

[134] Vgl. *Baumhart* (1961), S. 19

Gabele (1989): Die Rolle der Werthaltungen von Führungskräften mittelständischer Unternehmen bei der Erringung strategischer Wettbewerbsvorteile	Interviews mit über 1100 mittelständischen europäischen Unternehmern im Rahmen eines Forschungsprojekts	Verschieden; im Rahmen dieser Arbeit ist von Bedeutung, dass von den Befragten unter anderem das Image und Betriebsklima als entscheidender Wettbewerbsfaktor betrachtet wird	Umstrittene methodische Aufbereitung des Datenmaterials
Kaufmann/Kerber/ Zulehner (1986): Ethos und Religion bei Führungskräften	Entwicklung eines Fragenkatalogs anhand 42 qualitativer Interviews; Repräsentativ-Erhebung von 530 Führungskräften im Raum München und Nürnberg	Opportunistische Grundeinstellung bei jüngeren Führungskräften; ethische Überzeugungen können häufig nicht durchgesetzt werden; ethische Probleme werden regelmäßig nicht wahrgenommen	Beurteilung von Moralvorstellungen anhand eigener (religiöser) Wertmaßstäbe
Srnka (1997): Ethik im Marketing	Auswertung von 30 empirischen Untersuchungen aus dem anglo-amerikanischen Raum	Manager verfügen über die gleiche moralische Kompetenz wie Angehörige anderer Berufsgruppen und erkennen ihre soziale Verantwortung	Die Studien sind teilweise nicht vergleichbar
	Standardisierte Befragung von 32 österreichischen Managern (Marketing)	Im Gegensatz zur öffentlichen Wahrnehmung gehen Marketingmanager mit moralischen Konflikten sensibel um und halten die Beachtung moralischer Normen für einen Wettbewerbsvorteil	Unter anderem systematische *non-response*-Fehler, da trotz Rückfrage von den ursprünglich 64 Anfragen die Hälfte der Befragten eine Antwort teilweise verweigert hat
Ulrich/Thielemann (1992): Ethik und Erfolg	Qualitative Interviews von 60 schweizer Führungskräften	Bildung von vier Typen: Ökonomisten, Konventionalisten, Idealisten, Reformer	Fragwürdige Typisierung, da die Motive für moralisches Handeln unbekannt sind

Quelle: Eigener Entwurf auf Basis der zitierten Literatur

Ulrich und Thielemann schlagen deshalb einen anderen Weg zur Bewertung ethischer Orientierungsmuster ein, indem eine Typisierung von Unternehmern und Führungskräften vorgenommen wird. Nach ihrer Auffassung handelt es sich bei der opportunistischen Grundeinstellung vorwiegend um eine kritisch beurteilte „ökonomistische Denkweise", die rentabilitätsorientiertes Handeln stets als ethisch legitim erachtet.

Zu widersprüchlichen Ergebnissen kommt eine Untersuchung der Personalberatung Baumgartner & Partner, in der ethische Grundsätze von Führungskräften als wichtig eingeschätzt werden, wirtschaftliches Handeln jedoch gegenüber ethischen Überzeugungen im Konfliktfall dominiert. Weitgehend positiv beurteilt dagegen Srnka ethische Einstellungen von Marketingmanagern sowohl aufgrund einer Auswertung anglo-amerikanischer Umfragen wie auch aufgrund einer eigenen Erhebung.[135]

Insgesamt betrachtet lassen sich die Studien aufgrund erheblicher Unterschiede, die sowohl methodische wie inhaltliche Fragen betreffen, schwer miteinander vergleichen. Es stellt sich die Frage, welches Erkenntnisinteresse mit der Beurteilung ethischer Wertorientierungen von Unternehmern und Führungskräften verfolgt wird. Übereinstimmungen mit der nachfolgenden Umfrage finden sich insbesondere bei den Erhebungen von Gabele und Srnka, nach der Unternehmer und Führungskräfte unter langfristigen Gesichtspunkten die Beachtung ethischer Werte für einen wichtigen Wettbewerbsfaktor halten, vor allem im Hinblick auf die internen und externen Beziehungen eines Unternehmens.[136]

---

135 Vgl. im einzelnen *Kaufmann/Kerber/Zulehner* (1986), S. 257ff.; *Ulrich/Thielemann* (1992), S. 172; *Baumgartner & Partner Personalberatung* (1997), S. 20f.; *Srnka* (1997), S. 70f. und S. 116

136 Vgl. *Gabele* (1989), S. 634; *Srnka* (1997), S. 116

2. Methodik der Umfrage

Für diesen Beitrag wurden im Zeitraum Juli bis August 2000 zwölf, vornehmlich selbstständige mittelständische Unternehmer mündlich interviewt. Die Befragten waren zwischen 35 und 70 Jahren alt, wobei das Durchschnittsalter rund 52 Jahre betrug. Der regionale Schwerpunkt der Befragung lag mit sieben Interviews in der niedersächsischen Kreisstadt Celle, ebenfalls vertreten waren drei Unternehmer beziehungsweise Führungskräfte aus dem rheinland-pfälzischen Wittlich und aus Niederscheidweiler. Zusätzlich wurden zwei Führungskräfte multinationaler Unternehmungen amerikanischen Ursprungs aus Bad Homburg v.d.H. sowie aus Paris befragt.[137] Drei Befragungen kamen auf Empfehlung eines ebenfalls interviewten Unternehmensberaters zustande. In den anderen Fällen konnten durch Kenntnisse des Autors oder seitens Empfehlungen von Unternehmern Gesprächspartner ermittelt werden. Von einer Auswertung hinsichtlich Alter, Branche, Geschlecht oder Region der Befragten wurde aus zwei Gründen weitgehend Abstand genommen. Zum einen erscheint die Anzahl der Befragten für eine solche Auswertung zu klein, zum anderen wurde den Befragten, sofern gewünscht, eine Anonymisierung ihrer Antworten zugesagt.

Die Interviews dauerten überwiegend circa eine Stunde und befassten sich schwerpunktmäßig mit den untersuchungsleitenden Fragestellungen. Nach einer kurzen Vorstellung der Arbeit wurden anhand eines Leitfadens sowohl halbstrukturierte Fragen als auch unstrukturierte Fragen gestellt.[138] Die Antworten wurden stichpunktartig schriftlich festgehalten und am Ende des Interviews zwecks Kontrolle des Verständnisses zusammengefasst, um mögliche Fehlinterpretationen zu vermeiden. Daran

---

137 Zu einem Verzeichnis der Interview-Teilnehmer siehe S. 90

138 Zu den einzelnen Fragen siehe S. 93. Sowohl inhaltlich wie in der Reihenfolge der jeweiligen Fragen wurde in einigen Fällen von dem Leitfaden abgewichen.

schloss sich in der Regel ein offenes Gespräch an. An drei Unternehmer wurde nach Abschluss der Interviews eine Abschrift der Ergebnisse geschickt, mit der Bitte, gegebenenfalls Unstimmigkeiten zu korrigieren.

Grundsätzlich ist darauf hinzuweisen, dass die nachfolgenden Ergebnisse aus verschiedenen Gründen mit Vorsicht zu interpretieren sind. Neben der geringen Anzahl an Befragungen und den bereits erwähnten methodischen Schwächen qualitativer Interviews ergibt sich eine grundsätzliche Schwierigkeit bereits aus dem unterschiedlichen Verständnis der Termini Ethik und Erfolg. Zudem können bei manchen Aussagen oder Begriffen Missverständnisse trotz Rückfragen nicht immer ausgeschlossen werden. Daneben sind Verzerrungen denkbar, da bereits die Bereitschaft zu einem Interview Rückschlüsse auf die Sensibilisierung für ethische Konflikte erlaubt. Im Rahmen dieser Umfrage wurde allerdings in keinem Fall eine Interview-Anfrage von Unternehmern abgelehnt.

Ferner muss auf die Problematik von sozial erwünschten Antworten hingewiesen werden, da zwischen Aussagen im Rahmen eines Interviews und tatsächlichem Handeln von Entscheidern Unterschiede bestehen können. Um dies zu umgehen wird vorgeschlagen, neben einer Selbsteinschätzung eine Fremdeinschätzung durchschnittlicher Berufskollegen vornehmen zu lassen, um aus eventuellen Abweichungen Rückschlüsse auf den Anteil sozial erwünschter Antworten zu ziehen. Bis auf eine Ausnahme lehnten jedoch alle im Rahmen dieser Arbeit befragten Unternehmer und Führungskräfte eine Fremdeinschätzung ab. Als Begründung wurde aufgeführt, dass eine Beurteilung der eigenen Handlungsweisen durch Dritte nicht möglich sei.

Ein weiterer Weg, das Problem sozial erwünschter Antworten zu umgehen, besteht darin, den Identifikationsgrad der Fragen zu erhöhen, indem konkrete Konfliktsituationen vorgestellt werden. In einem Test wurde anhand von Dilemma-Beispielen deshalb versucht, konkrete Auskünfte über Handlungsweisen in Konfliktlagen zu erhalten. An den Beispielen wurde jedoch häufig deren ethischer Gehalt bemängelt, dieser bot Anlass zu Kontroversen beziehungsweise die ethische Problematik wurde anerkannt, anschließend aber auf die grundsätzliche Irrelevanz des Beispiels hingewiesen. Daher wurde dieses Vorhaben fallen gelassen. Das Problem der sozial erwünschten Antworten taucht möglicherweise an Stellen auf, bei denen ungenau beziehungsweise unverbindlich geantwortet wurde.

3. Ergebnisse

3.1 Verständnis von Ethik und Moral

Auffällig war bis auf eine Ausnahme das hohe Interesse für mit Moral und Ethik zusammenhängende Fragestellungen,[139] was allerdings auch auf eine Verzerrung der Ergebnisse hindeuten könnte. Für die Befragten war es durchgängig kein Problem, zwischen moralischen und unmoralischen Handlungsweisen zu unterscheiden. Allerdings erfolgte nach Einschätzung des Autors häufig nicht eine bewusste, sondern eher intuitive Reflexion über moralisches Handeln. Im Rahmen der Gespräche kam teilweise zum Ausdruck, dass christlich-religiöse Überzeugungen ein wichtiges Kriterium für die Beurteilung der moralischen Qualität einer Handlung darstellen. Zwar wurde von den Unternehmern und Führungskräften darauf hingewiesen, dass sie religiösen Lehrmeinungen beziehungsweise kirchlichen Einrichtungen distanziert gegenüberständen. Gleichzeitig wurde aber hervorgehoben, durch eine entsprechende Erziehung beeinflusst worden zu sein. Von Bedeutung war ebenfalls eine humanistische Bildung. Zwei Unternehmer verwiesen auf das Universalisierbarkeitsprinzip von Kant, in einem Fall wurde auf die Tugendlehre von Aristoteles zurückgegriffen. Auffassungen über Moral und Ethik fielen ausgesprochen heterogen aus,

---

139 Übereinstimmend mit *Kaufmann/Kerber/Zulehner* (1986), vgl. *Kerber* (1991), S. 306

ließen sich aber auf die Goldene Regel[140] als kleinste gemeinsame Basis zurückführen. Vielfach wurde auf die Regel auch direkt Bezug genommen. Das in der philosophischen Diskussion ungelöste Problem, geeignete Maßstäbe zur Beurteilung von Moral zu finden, war für die Befragten anscheinend nicht von Bedeutung.

3.2 Kompatibilität zwischen Ethik und Erfolg

Die überwiegende Mehrheit der befragten Unternehmer und Führungskräfte war der Ansicht, dass unternehmerischer Erfolg und moralisches Handeln in der Regel zusammenfalle und sich aus diesem Grund nur selten Konflikte ergeben würden. Als Erfolgskriterien wurden häufig der Unternehmensgewinn, Umsatz und Wachstum genannt. Befragt nach der Größenordnung des Konfliktpotenzials gab ein Großteil der Interviewten an, dass dieses rund zehn Prozent aller Entscheidungen betreffen würde. Diese Aussage sagt allerdings nur wenig über den tatsächlichen Stellenwert von Entscheidungskonflikten aus, da beispielweise nicht zwischen wichtigen und unwichtigen Entscheidungen differenziert wurde. Aus diesem Grund wurde die Frage auf unternehmerische Erfolgskriterien, gemessen am Erreichungsgrad der selbstgesetzten Ziele, ausgeweitet. Hier gaben die Interviewten an, dass das Konfliktpotenzial noch unter zehn Prozent läge. Eine Ausnahme bildeten zwei Unternehmer sowie die Bereichs-Geschäftsführer der Krankenkassen, die das Konfliktpotenzial als wesentlich höher einschätzten.

Als Ursache für das geringe Konfliktpotenzial wurde spontan auf den herausragenden Stellenwert eines positiven Images verwiesen. Ohne eine geeignete Reputation sei das langfristige Überleben am Markt gefährdet, worauf insbesondere die beiden Führungskräfte der multinationalen Unternehmen Wert legten. Ebenfalls von Bedeutung war nach einhelliger Auf-

---

[140] Vgl. hierzu Fußnote 96, S. 50

fassung der Befragten ein „günstiges Betriebsklima". Mehrfach wurde betont, dass es sich um einen beiderseitigen Prozess handele. Nicht nur die Führungskräfte, sondern auch Mitarbeiter müssten mit gutem Vorbild vorangehen. Zwischen der Reputation beziehungsweise dem Betriebsklima und moralischem Handeln wurde ein direkter Zusammenhang festgestellt.

Insgesamt ist festzuhalten, dass die Antworten zu diesem Fragekomplex sehr einheitlich ausfielen und sich zum großen Teil mit den Ausführungen von Kapitel C deckten. Dennoch ist darauf hinzuweisen, dass die nach Auffassung des Autors ebenfalls bedeutsamen Argumente hinsichtlich einer Entscheidungsvereinfachung sowie potenziellen Dilemma-Vermeidung in den Interviews kaum eine Rolle spielten. Von keinem Befragten wurde von sich aus auf diese Aspekte hingewiesen. Auf Nachfrage erfolgten in der Regel nur verhaltene und undeutliche Anmerkungen. Gleichwohl wurde mehrfach indirekt Bezug auf Tit-for-Tat genommen. So wiesen einige Befragte ausdrücklich darauf hin, dass Vertragstreue und Versprechen auch dann strikt eingehalten würden, wenn sich die Situation verändert habe und sich gegebenenfalls kurzfristige Vorteile erzielen ließen.

3.3 Beispiele für Entscheidungskonflikte

Trotz der hohen Auskunftsbereitschaft fielen die Beispiele zu diesem Punkt in den Unternehmen sehr unterschiedlich aus und enthielten bei rund der Hälfte der Befragten nur vage Hinweise hinsichtlich konkreter Konfliktsituationen, wodurch eine systematische Darstellung erschwert wird.[141] Häufig wurde auf aktuelle Probleme der jeweiligen Unternehmen eingegangen.

Mehrfach wurde auf den personalpolitischen Bereich verwiesen. So stellte die Entlassung von Mitarbeitern einige der befragten Unternehmer und

---

[141] Ähnlich *Kerber* (1991), S. 307

Führungskräfte vielfach vor Entscheidungskonflikte, die sich in manchen Fällen über einen längeren Zeitraum hinzogen. Allerdings erfolgten auch Hinweise darauf, dass diese Konflikte von den eigentlichen Betroffenen nicht immer als „tragisch“ wahrgenommen wurden und zudem durch soziale Sicherungssysteme oder Abfindungen ein Ausgleich für soziale Härten stattgefunden hat. Beispiele für interne Entscheidungskonflikte ergaben sich darüber hinaus bei der Beförderung von Mitarbeitern und der Ermittlung eines angemessenen Gehalts.

Von einem Großteil der Befragten wurde Korruption als ein zentrales Problem entweder innerhalb der jeweiligen Branche oder als potenzielle Quelle für Konflikte innerhalb des Unternehmens wahrgenommen, jedoch gleichzeitig darauf hingewiesen, selbst nicht für Bestechungen empfänglich zu sein. Insbesondere die beiden Führungskräfte der multinationalen Unternehmen empfanden Korruption als besonders schwerwiegend. In den Unternehmen existieren ausformulierte Leitbilder, die Bezug auf ethische Grundsätze nehmen, diese allerdings nicht näher ausführen. Zusätzlich sind Führungskräfte dazu angehalten, jährlich einen Fragebogen (*Business Ethics Compliance*) auszufüllen, in dem unter anderem Auskunft über korruptive Tatbestände oder Vorteilsnahme gegeben werden muss.

Die in der unternehmensethischen Literatur häufig angesprochene Umweltproblematik wurde mit dem Hinweis auf strenge staatliche Umweltstandards durchgehend nicht als zentrales Entscheidungsproblem empfunden. Es wurde aber darauf hingewiesen, die jeweiligen Standards einzuhalten oder sogar zu übertreffen.

Daneben wurde vereinzelt auf eine als ungerecht empfundene Preisdifferenzierung und die zu einseitig positive Darstellung bestimmter Eigenschaften von Produkten verwiesen. In den multinationalen Unternehmen spielte darüber hinaus die Lieferung von sicherheitstechnischen Geräten, etwa an diktatorische Staaten, eine Rolle. Eine große Herausforderung stellte für die Bereichs-Geschäftsführer der Krankenkassen dar, infolge momentaner Sparmaßnahmen mit dem gegebenen Budget eine ausreichende medizinische Versorgung der Mitglieder sicherzustellen. Weitere der genannten Konflikte waren branchenspezifisch oder hatten nur einen vagen Bezug zur Thematik dieser Arbeit.

Die Fragestellung, inwieweit Kostenaspekte bei Entscheidungskonflikten von Bedeutung sind, wurde häufig umgekehrt. Richtigerweise müsste die Frage lauten, was es koste, ethische Überlegungen *nicht* zu berücksichtigen. In diesem Fall würde die Antwort lauten, dass moralisches Handeln und unternehmerischer Erfolg nicht voneinander zu trennen seien. Allerdings wurde von einigen Befragten darauf hingewiesen, dass insbesondere bei unternehmensinternen Konflikten Kostengesichtspunkte überhaupt keine Rolle spielten.

3.4 Ansatzpunkte zur Konfliktlösung

Alle Befragten gaben an, dass für die Einbeziehung von ethischen Überlegungen in unternehmerische Entscheidungen ein Spielraum vorhanden sei. Dieser würde durch den Wettbewerb oder gesetzliche Vorgaben eingeschränkt. Für die meisten Befragten unterlag der Handlungsspielraum sehr engen Grenzen. Nach Auffassung des Autors wurde von den selbstständigen mittelständischen Unternehmern diesem Spielraum ein etwas höheres Gewicht als von den Führungskräften der multinationalen Unternehmen oder öffentlichen Einrichtungen beziehungsweise Körperschaften des öffentlichen Rechts zugemessen. Beispiele für die Wahrnehmung von Spielräumen bezogen sich neben „großzügigen“ Abfindungen bei Entlassungen, einer unrentablen Auftragsannahme zur Sicherung von Arbeitsplätzen und einer konsequenten Einhaltung von Zusagen bei einem kleinen Teil der Befragten auch auf konkrete individuelle Nachteile, wie etwa dem Verzicht auf einen Teil des Geschäftsführergehalts oder auf Beförderung aus Familiengründen.

Mit dem spontanen Hinweis auf die Bedeutung der Reputation und des Betriebsklimas wurde ausnahmslos hervorgehoben, dass sich gerade unter langfristigen Gesichtspunkten potenzielle Zielkonflikte auflösen ließen. Einige Unternehmer wiesen aber darauf hin, dass dieser Aspekt häufig von Kollegen oder innerhalb der Branche unterschätzt würde.

Sehr uneinheitlich fielen die Antworten hinsichtlich einer Einschränkung unternehmerischer Erfolgskriterien zugunsten ethischer Grundsätze aus. In vielen Fällen wurde zunächst wiederholt darauf verwiesen, dass es zwischen beiden Zielsetzungen zumindest grundsätzlich keinen Konflikt geben würde. Auf Nachfrage wurde allerdings eingeräumt, dass es solche „seltenen Fälle" geben könne. Es würde dann darauf ankommen, die Ursachen von Konflikten zu beseitigen, wobei diese in der Regel wenig mit dem unternehmerischen Erfolgsstreben zu tun hätten.

Insgesamt ist festzuhalten, dass sich die Frage nach einer Einschränkung unternehmerischer Erfolgskriterien zugunsten ethischer Grundsätze im Rahmen der Interviews schwierig gestaltete und einer Beantwortung in der Regel ausgewichen wurde. Drei Befragte gaben an, Gewinn- oder Umsatzeinbußen in Kauf zu nehmen, soweit die Existenz des Unternehmens nicht gefährdet sei; einmal wurde vorgeschlagen, Arbeitnehmer und Angestellte am Unternehmenserfolg zu beteiligen und sie mitentscheiden zu lassen. In einem Fall wurde ein Gewinnverzicht zugunsten ethischer Grundsätze abgelehnt. Deutlich wurde bei einigen Gesprächen, dass neben wirtschaftlichen Zielsetzungen der Verantwortung gegenüber den Mitarbeitern oder der eigenen Familie ein hoher Stellenwert beigemessen wurde.

Kompromisse waren für die Mehrheit der Befragten eine geeignete und häufig angewandte Handlungsweise zur Auflösung von Entscheidungsdilemmata im Sinne dieser Arbeit. Hingewiesen wurde darauf, dass Kompromisse vielfach nicht leicht zu bewerkstelligen seien. Von einem Befragten wurde herausgestellt, dass sich durch schlechte Kompromisse neue Probleme ergeben könnten. Schwierigkeiten, die sich bei der Abwägung von ethischen Grundsätzen ergeben können, wurden nicht als gravierend empfunden. Interessanterweise wurde in diesem Zusammenhang vielfach spontan vorgeschlagen, „sich mit den Betroffenen an einen Tisch zu setzen" und „mit sachlichen Argumenten" nach einer „kompromissfähigen Lösung" zu suchen, was Ähnlichkeiten zum Diskursprinzip aufweist. „Sofortige Gespräche" stellten für den Großteil der Befragten einen zentralen Mechanismus zur Konfliktlösung beziehungsweise -vermeidung dar.

Überraschend war, dass *alle* Befragten die von Homann et al. vorgeschlagene ordnungspolitische Strategie ablehnten. Ausnahmslos wurden zwei Argumente angeführt. Politisches Engagement sei nicht prioritäre unternehmerische Aufgabe und die Erzielung von akzeptablen Lösungen „dauere zu lange". Die Mehrzahl der Befragten gab daneben an, dass sie sich nicht in den politischen Willenbildungsprozess einbringen wollten. Einer wettbewerbsneutralen Lösung durch Branchenkodices maßen dagegen nahezu alle Befragten eine hohe Bedeutung bei und gaben an, in dieser Hinsicht auch bereits Schritte ergriffen zu haben. Die mit Branchenkodices zusammenhängenden Umsetzungsprobleme, wie etwa Trittbrettfahrer-Verhalten, wurden zwar erkannt, aber nicht als gravierend wahrgenommen.

Daneben wurden vereinzelt weitere Handlungsalternativen angesprochen. Innovation maßen einige Interview-Teilnehmer eine sehr wichtige Funktion zur Erweiterung von Handlungsspielräumen bei. Unter dem Begriff wurde vielfach missverständlich der Einkauf neuster Technologien und deren Implementierung im Unternehmen verstanden und nicht eine eigenständige Entwicklung neuer Technologien und Verfahrensweisen. Zwei der Befragten hoben hervor, dass sich durch eine geschickte Öffentlichkeitsarbeit potenzielle Konflikte vermeiden ließen. Insbesondere der befragte Unternehmensberater gab als zentrale Ursache für Entscheidungskonflikte in Unternehmen mangelnde Kreativität an. Nach seiner Auffassung ließe sich durch Beratung der Handlungsspielraum vergrößern, da häufig nicht alle Entscheidungsalternativen von den Beteiligten gesehen würden. Im Falle von Konflikten würden Entscheidungen zudem vielfach verzögert, wodurch sich Dilemma-Situationen noch vergrößern könnten.

F. Resümee

Ausgangspunkt der Untersuchung war die Fragestellung, inwiefern unternehmerischer Erfolg und ethische Grundsätze miteinander vereinbar sind. Es konnte gezeigt werden, dass zwischen beiden Zielsetzungen nicht zwangsläufig ein Widerspruch, sondern vielfach Kompatibilität besteht. In einer qualitativen Umfrage wurde von der überwiegenden Mehrheit der zwölf befragten Unternehmer und Führungskräfte auf ein geringes Konfliktpotenzial zwischen Ethik und Erfolg hingewiesen. Nach Auffassung der Befragten ergeben sich aufgrund des hohen Stellenwerts der Reputation sowie des Betriebsklimas für den Unternehmenserfolg nur selten Entscheidungskonflikte. Daneben können durch ethische Wertorientierungen Dilemmastrukturen vermieden werden und Entscheidungen unter bestimmten Voraussetzungen vereinfacht beziehungsweise verbessert werden.

Eine Beantwortung der Ausgangsfrage unterliegt der Einschränkung, dass unternehmerischer Erfolg vielfach nur näherungsweise bestimmt werden kann. Ebenso besteht Uneinigkeit darüber, nach welchen Kriterien sich die moralische Qualität einer Handlung beurteilen lässt. Daher dürften sich häufig keine eindeutigen Aussagen über den Zusammenhang zwischen beiden Zielsetzungen ableiten lassen. Eine wichtige Erkenntnis ist dann allerdings, dass umgekehrt keine Rückschlüsse auf einen grundsätzlichen Gegensatz zwischen beiden Zielen gebildet werden können.

Die zweite Frage lautete, welche Ansatzpunkte zur Auflösung eines potenziellen Zielkonflikts bestehen. Dazu wurden zunächst drei ausgewählte unternehmensethische Konzeptionen untersucht. Kerngedanke dieser Entwürfe ist zum einen die Forderung, ethischen Überlegungen im Konfliktfall Priorität einzuräumen. Zum anderen wird postuliert, den Entscheidungskonflikt auf die Ebene der staatlichen Rahmenordnung zu verlagern. Obwohl vereinzelte Aspekte der unternehmensethischen Konzeptionen interessant erscheinen, ist das Ergebnis der Analyse überwiegend als enttäuschend zu charakterisieren. Neben der eindimensionalen Hervorhebung des Konflikts zwischen Gewinn und Moral überraschen die pauschalen Lösungsvorschläge ebenso wie der streckenweise nicht vorhandene Realitätsbezug. Im Rahmen der Umfrage konnte hinsichtlich einer Einschränkung unternehmerischer Erfolgskriterien zugunsten ethischer Überlegungen kein eindeutiges Ergebnis erzielt werden. Durchgehend abgelehnt wurde jedoch der Vorschlag, einen Entscheidungskonflikt auf ordnungspolitischer Ebene anzugehen.

Ansatzpunkte zur Auflösung des Zielkonflikts zwischen Ethik und Erfolg liefern zum einen die Berücksichtigung langfristiger Konsequenzen einer Entscheidung, worauf auch in der Umfrage übereinstimmend hingewiesen wurde, sowie zum anderen eine Konkretisierung des unternehmerischen Gewinnziels. Da der Gewinnbegriff inhaltlich und zeitlich offen ist, häufig Suffizienzkriterien festgelegt werden, das Gewinnziel als ein Zwischenziel zu Verwirklichung unternehmerischer Interessen gesehen werden kann sowie der Gewinn für den zukünftigen Unternehmenserfolg nur Teilaspekte abbildet, besteht auch nach Auffassung der befragten Unternehmer und Führungskräfte ein Handlungsspielraum.

Obwohl dieser Spielraum in manchen Fällen wahrgenommen wird, sind einer Einbeziehung ethischer Überlegungen in unternehmerische Entscheidungen durch den Wettbewerb Grenzen gesetzt. In einem solchen Fall kann unter bestimmten Bedingungen die Suche nach einer Kompromisslösung einen Ausweg darstellen. Solche Güteabwägungen spielen vielfach bei den befragten Unternehmern und Führungskräften eine Rolle und werden häufig in Form von Gesprächen mit den Betroffenen durchgeführt. Weitere Handlungsalternativen stellen unter anderem Branchenkodices, die öffentlichkeitswirksame Kommunikation moralischen Handelns oder die Suche nach innovativen Lösungen dar. Festzuhalten ist jedoch, dass die genannten Ansatzpunkte sowie insbesondere die qualitativen Interviews Einschränkungen unterliegen und mit Vorsicht beurteilt werden sollten.

Ein grundlegendes Problem dürfte darin bestehen, dass Auftreten und Ausmaß eines Konflikts zwischen Erfolg und Ethik nicht generell, sondern von der jeweiligen Entscheidungssituation abhängig sind. Für weitere Forschungsbemühungen erscheint aus diesem Grund eine differenzierte Betrachtung der Thematik anhand von Einzelfällen oder einzelner Bereiche von Unternehmen sinnvoll. Hervorzuheben an Verhaltensrichtlinien ist, dass eine Sensibilisierung hinsichtlich ethischer Wertorientierungen erfolgen kann. In diesem Sinne erscheint eine Überprüfung von Leitbildern und deren Umsetzung beziehungsweise Auswirkungen auf Mitarbeiter eines Unternehmens von Interesse. Schließlich ist darauf hinzuweisen, dass sich durch einen kreativen Umgang mit Entscheidungskonflikten ethische Überlegungen berücksichtigen lassen, zur Wohle der Wirtschaft und für den Menschen.

Verzeichnis der befragten Unternehmer und Führungskräfte

Name (und Alter)	Tätigkeit und Unternehmen bzw. Einrichtung	Umsatz in Mio. DM (1999)	Mitarbeiter (Juli 2000)	Datum und Ort des Interviews
Dirk W. Blösinger (55)	Fachbereichsleiter Personalentwicklung, *Du Pont de Nemours (Deutschland) GmbH*, Bad Homburg v.d.H.	3.000	6.500	15.08.2000 Bad Homburg v.d.H.
Michael Funk (50)	Geschäftsführer, *Tass GmbH*, Celle	6	30	21.08.2000 Celle
Dr. Michael Kaiser (55)	Geschäftsführer, *Diamant Werkzeuge Dr. Kaiser*, Celle	10	16	17.08.2000 Celle
Manfred Kostka (59)	Bereichs-Geschäftsführer, *Allgemeine Ortskrankenkasse*, Celle	105	250	17.08.2000 Celle
Axel Lohöfener (48)	Vorstandsmitglied, *Sparkasse Celle*	4.000	550	18.08.2000 Celle
Karin Scharf (35)	Geschäftsführerin, *Spinnhütte Textiles Services GmbH*, Celle	2	4	17.08.2000 Celle
Paul J. Simon (50)	Geschäftsführer, *Schlachthof Simon GmbH*, Wittlich	160	300	08.08.2000 Wittlich
Dr. Manfred Sliwka (70)	Geschäftsführer, *Institut Dr. Sliwka*, Niederscheidweiler	o.A.	7	27.07.2000 Niederscheidweiler
Klaus Stietenroth (47)	Leiter des Arbeitsamts, Celle	400*	750	23.08.2000 Celle

Dr. Dietmar Sundermann (44)	Projektleiter Entwicklung, *General Electric Medical Systems (France)*, Paris	12.000	14.000	28.08.2000 Paris
Rolf J. Walkenhorst (58)	Bereichs-Geschäftsführer, *Barmer Ersatzkasse*, Celle	20	50	21.08.2000 Celle
Heinz-Ulrich Ziemann (54)	Geschäftsführer, *Stahlbau Ziemann GmbH*, Wittlich	24	90	08.08.2000 Wittlich

*Ausgaben

Leitfaden zu den Interviews

1. Inwiefern können moralisches Handeln und unternehmerischer Erfolg nach Ihrer Auffassung zusammenfallen? Können Sie aus Ihrem Unternehmen dafür Beispiele nennen?

2. Können Sie Beispiele für moralische Entscheidungsprobleme aus Ihrem Unternehmen nennen? Für wie groß halten Sie das Konfliktpotenzial?

3. In welchem Ausmaß spielen in Ihrem Unternehmen bei solchen Konflikten Kostenüberlegungen eine Rolle?

4. Für den Fall, dass unternehmerischer Erfolg und moralisches Handeln nicht zusammenfallen: Inwiefern besteht für ethische Überlegungen im Geschäftsalltag nach Ihrer Auffassung ein Spielraum?

5. Können Sie Beispiele aus Ihrem Unternehmen nennen, in denen Sie Spielräume wahrgenommen haben?

6. Lassen sich unter langfristigen Gesichtspunkten in Ihrem Unternehmen Konflikte aufheben oder vermeiden?

7. Bis zu welchem Grad sind Sie bereit, auf ethische Überlegungen Rücksicht zu nehmen und dabei auf Ihre Erfolgskriterien zu verzichten?

8. Inwiefern können Sie sich einen Kompromiss zwischen moralischen Anforderungen und dem Erfolg Ihres Unternehmens vorstellen?

9. Welche Möglichkeiten existieren nach Ihrer Auffassung zur Beseitigung oder Vermeidung eines Konflikts?

10. Gibt es Geschäftspraktiken in Ihrer Branche oder in Ihrem Umfeld, die Sie für unmoralisch halten? Inwiefern sind Sie mit Situationen konfrontiert, in denen Sie nicht genau zwischen moralischen und unmoralischen Handlungen unterscheiden können?

In der Regel folgte im Anschluss ein weiterführendes Gespräch.

Abbildungsverzeichnis

Seite

Literaturverzeichnis

Albach, Horst (1993): Wertewandel deutscher Manager. In: *Albach, Horst* (Hrsg.): Werte und Unternehmensziele im Wandel der Zeit, Wiesbaden, S. 1-25

Albrecht, Michael (1994): Kants Maximenethik und ihre Begründung. In: Kant-Studien, Jg. 85, H. 1, S. 129-146

Antonides, Gerrit (1991): Psychology in Economics and Business, Dordrecht u.a.

Apel, Karl-Otto (1988): Diskurs und Verantwortung. Das Problem des Übergangs zur postkonventionellen Moral, Frankfurt am Main

Aufderheide, Detlef (1995): Unternehmer, Ethos und Ökonomik. Moral und unternehmerischer Gewinn aus Sicht der Neuen Institutionenökonomik, Berlin (Volkswirtschaftliche Schriften, H. 450)

Axelrod, Robert (1987): Die Evolution der Kooperation, München

Badaracco, Joseph L. (1997): Defining Moments. When Manger Must Choose between Right and Right, Boston

Baumgartner & Partner Personalberatung (1997): Gehen Ethik und Gewinnstreben noch Hand in Hand? Studie zur Ethik im Geschäftsleben, Sindelfingen

Baumhart, Raimond (1961): How Ethical are Businessmen? In: Harvard Business Review, Vol. 39, No. 4, S. 6-19 und S. 156-176

Bidlingmaier, Johannes (1968): Zielkonflikte und Zielkompromisse im unternehmerischen Entscheidungsprozeß, Wiesbaden (Studienreihe Betrieb und Markt, Bd. 9)

Blümle, Gerold (1994): Das Adam Smith-Problem und die heutige Sozialpolitik, Dresden (Dresdner Beiträge zur Volkswirtschaftslehre 9/95)

Bowie, Norman E. (1998): Unternehmenskodices. Können sie eine Lösung sein? In: *Lenk, Hans; Maring, Matthias* (Hrsg.): Wirtschaft und Ethik, Stuttgart, S. 337-349

Braun, Dietmar (1999): Theorien rationalen Handelns in der Politikwissenschaft, Opladen

Brigitta, Hermann (1992): Wirtschaftsethik. Stand der Forschung. In: *Albach, Horst* (Hrsg.): Unternehmensethik. Konzepte, Grenzen, Perspektiven; Wiesbaden, S. 1-33

Cavanagh, Gerald F.; Moberg, Dennis J.; Velasquez, Manuel (1981): The Ethics of Organizational Politics. In: Academy of Management Review, Vol. 6, No. 3, S. 363-374

Cavanagh, Gerald F.; Moberg, Dennis J.; Velasquez, Manuel (1995): Making Business Ethics Practical. In: Business Ethics Quarterly, Vol. 5, No. 3, S. 399-418

Davis, Morton D. (1993): Spieltheorie für Nichtmathematiker, 2. Auflage, München

De George, Richard T. (1998): Unternehmensethik aus amerikanischer Sicht. In: *Lenk, Hans; Maring, Matthias* (Hrsg.): Wirtschaft und Ethik, Stuttgart, S. 301-316

Dixit, Avinash; Nalebuff, Barry J. (1995): Spieltheorie für Einsteiger, Stuttgart

Eisenführ, Franz; Weber, Martin (1999): Rationales Entscheiden, 3. Auflage, Berlin u.a.

Enderle, Georges (1983): Business Ethics in the USA. Overview and Reflections, St. Gallen (Beiträge und Berichte des IWE, Nr. 2)

Enderle, Georges (1988): Die goldene Regel für Manager? In: *Lattmann, Charles* (Hrsg.): Ethik und Unternehmensführung, Heidelberg, S. 130-148

Engerer, Hella (1998): Ursachen, Folgen und Bekämpfung von Korruption. Liefern ökonomische Ansätze bestechende Argumente? Berlin (DIW Diskussionspapier Nr. 161), http://www.diw-berlin.de/diskussionspapiere/papiere/papers/dp161.pdf, 21. Juli 2000

Europäischer Rat (1997): Rechtsakt des Rates vom 19.07.1997 über die Ausarbeitung des zweiten Protokolls über den Schutz der finanziellen Interessen der Europäischen Gemeinschaften. In: Amtsblatt der Europäischen Gemeinschaften, Nr. C 2221, 19. Juli, S. 11-16

Feldhaus, Stephan (1999): Ethische Entscheidungsverfahren. In: *Korff, Wilhelm* (Hrsg.): Handbuch der Wirtschaftsethik. Verhältnisbestimmung von Ethik und Wirtschaft, Bd. 1, Gütersloh, S. 309-322

Fontin, Mathias (1997): Das Management von Dilemmata. Ein Ansatz zur Erschließung neuer strategischer und organisationaler Potentiale, Dissertation, Universität St. Gallen

Frankena, William K. (1994): Analytische Ethik. Eine Einführung, 5. Auflage, München

Freeman, Robert E.; Gilbert, Daniel R. (1991): Unternehmensstrategie, Ethik und persönliche Verantwortung; Frankfurt am Main u.a.

Friedman, Milton (1970): The Social Responsibility of Business is to Increase Its Profits. In: The New York Times Magazine, 13. September, S. 32ff. [Wiederabgedruckt in: *Donaldson, Thomas; Werhane, Patricia* (Hrsg.) (1988): Ethical Issues in Business Ethics, Englewood Cliffs, S. 217-223]

Gabele, Eduard (1989): Die Rolle der Werthaltungen von Führungskräften mittelständischer Unternehmen bei der Erringung strategischer Wettbewerbsvorteile. Empirische Ergebnisse eines europäischen Forschungsprojekts. In: Die Betriebswirtschaft, Jg. 49, H. 5, S. 623-637

Gérard, Gäfgen (1984): Die ethische Problematik von Allokationsentscheidungen am Beispiel des Ressourceneinsatzes im Gesundheitswesen, St. Gallen (Beiträge und Berichte des IWE Nr. 6)

Gerlach, Jochen (1999): Das Zuordnungsverhältnis von Ethik und Ökonomik als Grundproblem der Wirtschaftsethik. In: *Korff, Wilhelm* (Hrsg.): Handbuch der Wirtschaftsethik. Verhältnisbestimmung von Ethik und Wirtschaft, Bd. 1, Gütersloh, S. 834-883

Gier, Heribert; Kotzbauer, Norbert (1992): Der Einfluß des F&E-Aufwandes auf den wirtschaftlichen Erfolg von Industrieunternehmen. In: Schmalenbachs Zeitschrift für betriebswirtschaftliche Forschung, Jg. 44, H. 11, S. 974-989

Grabner-Kräuter, Sonja (1997): State of the Art der amerikanischen Business Ethics-Forschung. In: Schmalenbachs Zeitschrift für betriebswirtschaftliche Forschung, Jg. 49, H. 3, S. 210-235

Grabner-Kräuter, Sonja (1998): Die Ethisierung des Unternehmens. Ein Beitrag zum wirtschaftsethischen Diskurs, Wiesbaden (Neue betriebswirtschaftliche Forschung, Bd. 253)

Grabner-Kräuter, Sonja (2000): Ansatzpunkte für eine Konkretisierung der Unternehmensethik. In: Wirtschaftswissenschaftliches Studium, Jg. 29, H. 2, S. 76-81

Haedrich, Günther; Gussek, Frank; Tomczak, Torsten (1990): Instrumentelle Strategiemodelle als Komponenten im Marketingprozeß. In: Die Betriebswirtschaft, Jg. 50, H. 2, S. 205-222

Hammond, John S.; Keeney, Ralph L.; Raiffa, Howard (1999): Smart Choices. A Practical Guide to Making Better Decisions, Boston

Hare, Richard M. (1997): Ethical Theory and Utilitarism. In: *Singer, Peter* (Hrsg.): A Companion to Ethics, 6. Auflage, Oxford, S. 23-38

Hasnas, John (1998): The Normative Theories of Business Ethics. A Guide for The Perplexed. In: Business Ethics Quarterly, Vol. 8, No. 1, S. 19-42

Hax, Herbert (1993): Unternehmensethik. Ordnungselement der Marktwirtschaft? In: Schmalenbachs Zeitschrift für betriebswirtschaftliche Forschung, Jg. 45, H. 9, S. 769-779

Hax, Herbert (1995): Unternehmensethik. Fragwürdiges Ordnungselement in der Marktwirtschaft. In: Schmalenbachs Zeitschrift für betriebswirtschaftliche Forschung, Jg. 47, H. 2, S. 180-181

Hesse, Helmut; Homann, Karl u.a. (1988): Wirtschaftswissenschaft und Ethik. In: *Hesse, Helmut* (Hrsg.): Wirtschaftswissenschaft und Ethik, Berlin (Schriften des Vereins für Socialpolitik, N.F. Bd. 171), S. 9-33

Höffe, Otfried (1984): Der Standpunkt der Moral. Utilitarismus oder Universalisierbarkeit? In: *Apel, Karl-Otto; Deutsches Institut für Fernstudien* (Hrsg.): Funkkolleg praktische Philosophie/Ethik, Weinheim u.a. (Korrigierte Neufassung der Studienbegleitbriefe des DIFF zum Funkkolleg praktische Philosophie/Ethik. Studientexte 2), S. 523-544

Höffe, Otfried (1984a): Politische Gerechtigkeit. In: *Apel, Karl-Otto; Deutsches Institut für Fernstudien* (Hrsg.): Funkkolleg praktische Philosophie/Ethik, Weinheim u.a. (Korrigierte Neufassung der Studienbegleitbriefe des DIFF zum Funkkolleg praktische Philosophie/Ethik. Studientexte 3), S. 735-762

Höflacher, Stefan (1998): Ziele unternehmerischen Handelns. In: Wirtschaftsstudium, Jg. 27, H. 12, S. 1421-1427

Homann, Karl (1989): Entstehung, Befolgung und Wandel moralischer Normen. Neuere Erklärungsansätze. In: *Pappi, Franz U.* (Hrsg.): Wirtschaftsethik. Gesellschaftswissenschaftliche Perspektiven, Kiel, S. 47-64

Homann, Karl (1992): Marktwirtschaftliche Ordnung und Unternehmensethik. In: *Albach, Horst* (Hrsg.): Unternehmensethik. Konzepte, Grenzen, Perspektiven; Wiesbaden, S. 77-92

Homann, Karl (1994): Marktwirtschaft und Unternehmensethik. In: *Forum für Philosophie Bad Homburg* (Hrsg.): Markt und Moral. Die Diskussion um die Unternehmensethik, Bern u.a., S. 109-130

Homann, Karl; Blome-Drees, Franz (1992): Wirtschafts- und Unternehmensethik, Göttingen

Homann, Karl; *Gerecke, Uwe* (1999): Ethik der Globalisierung. Zur Rolle der multinationalen Unternehmen bei der Etablierung moralischer Standards. In: *Kutschker, Michael* (Hrsg.): Perspektiven der internationalen Wirtschaft, Wiesbaden, S. 431-455

Homann, Karl; *Pies, Ingo* (1994): Wie ist die Wirtschaftsethik als Wissenschaft möglich? Zur Theorienstrategie einer modernen Wirtschaftsethik. In: Ethik und Sozialwissenschaften, Jg. 5, H. 1, S. 94-108

Homann, Karl; *Pies, Ingo* (1994a): Wirtschaftsethik in der Moderne. Zur ökonomischen Begründung der Moral. In: Ethik und Sozialwissenschaften, Jg. 5, H. 1, S. 3-12

Hopf, Christel (1995): Qualitative Interviews in der Sozialforschung. Ein Überblick. In: *Flick, Uwe* (Hrsg.): Handbuch der qualitativen Sozialforschung. Grundlagen, Konzepte, Methoden und Anwendungen; 2. Auflage, Weinheim, S. 177-182

Irrgang, Bernhard (1995): Grundriss der medizinischen Ethik, München u.a.

Jenner, Thomas (2000): Zur Messung des Unternehmenserfolges. In: Wirtschaftswissenschaftliches Studium, Jg. 29, H. 3, S. 326-331

Kaufmann, Franz-Xaver; Kerber, Walter; Zulehner, Paul M. (1986): Ethos und Religion bei Führungskräften. Eine Studie im Auftrag des Arbeitskreises für Führungskräfte in der Wirtschaft, München (Fragen der neuen Weltkultur, Bd. 3)

Kepper, Gaby (1994): Qualitative Marktforschung. Methoden, Einsatzmöglichkeiten und Beurteilungskriterien, Wiesbaden

Kerber, Walter (1988): Sittlich handeln unter dem Druck ökonomischer Sachzwänge. In: *Hesse, Helmut* (Hrsg.): Wirtschaftswissenschaft und Ethik, Berlin (Schriften des Vereins für Socialpolitik, N.F. Bd. 171), S. 241-258

Kerber, Walter (1991): Zum Ethos von Führungskräften. Ergebnisse einer empirischen Untersuchung. In: *Steinmann, Horst; Löhr, Albert* (Hrsg.): Unternehmensethik, 2. Auflage, Stuttgart

Kettner, Matthias (1994): Rentabilität und Moralität. Offene Probleme in Karl Homanns Wirtschafts- und Unternehmensethik. In: *Forum für Philosophie Bad Homburg* (Hrsg.): Markt und Moral. Die Diskussion um die Unternehmensethik, Bern u.a., S. 241-267

Kirchgässner, Gebbard (1991): Homo oeconomicus. Das ökonomische Modell individuellen Verhaltens und seine Anwendung in den Wirtschafts- und Sozialwissenschaften, Tübingen (Die Einheit der Gesellschaftswissenschaften, Bd. 74)

Kleindorfer, Paul R.; Kunreuther, Howard C.; Schoemaker, Paul J. (1993): Decision Sciences. An Integrative Perspective, Cambridge u.a.

Kleinfeld, Annette (1999): EFQM und das wertorientierte Unternehmen, http://www.bickmann.de/vortrag-kleinfeld-wertorientierung.htm, 13. April 2000

Kleinfeld, Annette (1999a): Identität durch moralische Integrität. Die Rolle der Corporate Ethics, http://www.bickmann.de/chance-ethics.htm, 13. April 2000

Korff, Wilhelm (1982): Ethische Entscheidungskonflikte. Zum Problem der Güteabwägung. In: *Hertz, Anselm; Korff, Wilhelm; Redtorff, Trutz* u.a. (Hrsg.): Handbuch der christlichen Ethik. Wege ethischer Praxis, Bd. 3, Freiburg u.a., S. 78-92

Koslowski, Peter (1987): Über die Notwendigkeit von ethischen und zugleich ökonomischen Urteilen. In: Orientierungen zur Wirtschafts- und Gesellschaftspolitik, Jg. 33, H. 3, S. 7-13

Koslowski, Peter (1988): Prinzipien der ethischen Ökonomie. Grundlegung der Wirtschaftsethik und der auf die Ökonomie bezogene Ethik, Tübingen

Kötter, Rudolf (1995): Moralisch wirtschaften. Ein Lehrstück? In: *Seifert, Eberhard; Priddat, Birger P.* (Hrsg.): Neuorientierungen in der ökonomischen Theorie. Zur moralischen, institutionellen und evolutorischen Dimension des Wirtschaftens, Marburg, S. 107-122

Küpper, Hans U. (1988): Verantwortung in der Wirtschaftswissenschaft. In: Schmalenbachs Zeitschrift für betriebswirtschaftliche Forschung, Jg. 40, H. 4, S. 318-339

Küpper, Hans U. (1997): Controlling. Konzeption, Aufgaben und Instrumente, 2. Auflage, Stuttgart, S. 67-77 [Kapitel II.1.2 „Koordination von Entscheidungszielen“]

Küpper, Hans U.; Picot, Arnold (1999): Ethische Aspekte wirtschaftlichen Handelns im Rahmen von Unternehmungen. In: *Korff, Wilhelm* (Hrsg.): Handbuch der Wirtschaftsethik. Ethik wirtschaftlichen Handelns, Bd. 3, Gütersloh, S. 132-148

Lammers, Jost; Schmitz, Oliver (1995): Der moralische Handlungsspielraum von Unternehmen. Eine institutionenökonomische Perspektive, Marburg

Leinfeller, Werner (1986): The Prisoner's Dilemma and its Evolutionary Iteration. In: *Diekmann, Andreas; Mitter, Peter* (Hrsg.): Paradoxical Effects of Social Behavior. Essays in Honor of Anatol Rapoport, Heidelberg u.a., S. 135-148

Lenk, Hans; Maring, Matthias (Hrsg.) (1998): Wirtschaft und Ethik, Stuttgart

Locher, Klaus (1991): Struktur und Erscheinungsformen des Gefangen-Dilemmas. In: Wirtschaftswissenschaftliches Studium, Jg. 20, H. 1, S. 19-24

Locher, Klaus (1991a): Auswege aus Gefangen-Dilemma-Situationen. In: Wirtschaftswissenschaftliches Studium, Jg. 20, H. 2, S. 60-64

Löhr, Albert (1991): Unternehmensethik und Betriebswirtschaftslehre, Stuttgart

Löhr, Albert (1998): Die moralische Urteilskraft von Wirtschaftsstudenten. Bemerkungen zum empirischen Forschungsstand. In: *Blickle, Gerhard* (Hrsg.): Ethik in Organisationen. Konzepte, Befunde, Praxisbeispiele; Göttingen, S. 185-208 (Schriftenreihe Wirtschaftspsychologie)

Luhmann, Niklas (1993): Wirtschaftsethik – als Ethik? In: *Wieland, Josef* (Hrsg.): Wirtschaftsethik und Theorie der Gesellschaft, Frankfurt am Main, S. 134-147

Mack, Elke (1994): Ökonomische Rationalität. Grundlage einer interdisziplinären Wirtschaftsethik? Berlin (Volkswirtschaftliche Schriften, H. 438)

Maucher, Helmut (1991): Ethik zwischen Gewinn und Wettbewerb. In: *Steinmann, Horst; Löhr, Albert* (Hrsg.): Unternehmensethik, 2. Auflage, Stuttgart, S. 403-411

Müller-Groeling, Hubertus (1996): Ethik, Markt und Moral Hazard. In: Sparkasse, Jg. 113, H. 12, S. 548-553

O'Neil, Onora (1997): Kantian Ethics. In: *Singer, Peter* (Hrsg.): A Companion to Ethics, 6. Auflage, Oxford u.a., S. 175-185

Ockenfels, Axel (1999): Fairneß, Reziprozität und Eigennutz. Ökonomische Theorie und experimentelle Evidenz, Tübingen

Osterloh, Margit (1991): Unternehmensethik und Unternehmenskultur. In: *Steinmann, Horst; Löhr, Albert* (Hrsg.): Unternehmensethik, 2. Auflage, Stuttgart, S. 153-171

Osterloh, Margit; Tiemann, Regine (1995): Konzepte der Wirtschafts- und Unternehmensethik im Vergleich. Das Beispiel der Brent Spar. In: Die Unternehmung, Jg. 49, H. 5, S. 321-338

Paine, Lynn S. (1994): Managing for Organizational Integrity. In: Harvard Business Review, Vol. 72, No. 2, S. 106-117

Pasquier-Dorthe, Jacques (1987): L'identification des critères éthiques dans la gestion des entreprises. In: Die Unternehmung, Jg. 41, H. 6, S. 425-432

Pichler, Hanns J.; Pleitner, Hans J.; Schmidt, Karl-Heinz (Hrsg.) (1997): Management in KMU. Die Führung von Klein- und Mittelunternehmen, 2. Auflage, Bern u.a.

Pieper, Annemarie (1991): Einführung in die Ethik, 2. Auflage, Tübingen

Pies, Ingo; Blome-Drees, Franz (1993): Was leistet die Unternehmensethik? Zur Kontroverse um die Unternehmensethik als wissenschaftliche Disziplin. In: Schmalenbachs Zeitschrift für betriebswirtschaftliche Forschung, Jg. 45, H. 9, S. 748-767

Raffée, Hans; Fritz, Wolfgang (1991): Die Führungskonzeption erfolgreicher und weniger erfolgreicher Industrieunternehmen im Vergleich. Ergebnisse einer empirischen Untersuchung. In: Zeitschrift für Betriebswirtschaft, Jg. 61, H. 11, S. 1211-1226

Rawls, John (1975): Eine Theorie der Gerechtigkeit, Frankfurt am Main

Ringeling, Hermann (1982): Ethische Entscheidungskonflikte. Zum Problem der Güteabwägung. In: *Hertz, Anselm; Korff, Wilhelm; Redtorff, Trutz* u.a. (Hrsg.): Handbuch der christlichen Ethik. Wege ethischer Praxis, Bd. 3, Freiburg u.a., S. 78-116

Sautter, Hermann (1990): Ordnung, Moral und die wirtschaftliche Entwicklung Taiwans, München u.a. (ifo-Forschungsberichte der Abteilung Entwicklungsländer, Nr. 71)

Sautter, Hermann (1994): Zur Wirtschaftsethik der Moderne. Über das Zusammenspiel von Ordnungsregeln und Handlungsmotiven. In: Ethik und Sozialwissenschaften, Jg. 5, H. 1, S. 66-68

Schmalholz, Heinz; Penzkofer, Horst (1999): Innovation in Deutschland. In: ifo-Schnelldienst, H. 5/99, S. 3-11

Schneider, Dieter (1990): Unternehmensethik und Gewinnprinzip in der Betriebswirtschaftlehre. In: Schmalenbachs Zeitschrift für betriebswirtschaftliche Forschung, Jg. 42, H. 10, S. 869-891

Schumpeter, Joseph (1912/1977): Theorie der wirtschaftlichen Entwicklung, 1. Auflage, Leipzig, S. 162-186 [Wiederabgedruckt in: *Witte, Eberhard; Thimm, Alfred L.* (Hrsg.) (1977): Entscheidungstheorie. Texte und Analysen, Wiesbaden, S. 14-22]

Schüssler, Rudolf (1990): Kooperation unter Egoisten. Vier Dilemmata, München

Seifert, Eberhard; Priddat, Birger P. (Hrsg.) (1995): Neuorientierungen in der ökonomischen Theorie. Zur moralischen, institutionellen und evolutorischen Dimension des Wirtschaftens; Marburg

Sen, Amartya (1987): On Ethics and Economics, Oxford u.a.

Simon, Herbert A. (1959): Theories of Decision Making in Economics. In: American Economic Review, Vol. 44, No. 3, S. 253-283

Simon, Herbert A. (1957): Models of Man, New York

Smith, Adam (1776/1993): Der Wohlstand der Nation. Aus dem englischen übertragen und mit einer umfassenden Würdigung des Gesamtwerkes von Horst C. Recktenwald, München

Srnka, Katharina (1997): Ethik im Marketing. Einstellungen und Verhalten des Managements, Wien (Betriebswirtschaftliche Studien, Bd. 1)

Staehle, Wolfgang (1990): Management. Eine verhaltenswissenschaftliche Einführung, 5. Auflage, Stuttgart

Steger, Ulrich (1991): Läßt sich ethische Unternehmensführung verwirklichen? Vom guten Vorsatz zur täglichen Praxis. In: *Dierkes, Meinolf; Zimmermann, Klaus* (Hrsg.): Ethik und Geschäft. Dimensionen und Grenzen unternehmerischer Verantwortung, Frankfurt am Main u.a., S. 187-204

Steinmann, Horst; Kustermann, Brigitte (1999): Unternehmensethik und Management. Überlegungen zur Integration der Unternehmensethik in den Managementprozess. In: *Korff, Wilhelm* (Hrsg.): Handbuch der Wirtschaftsethik. Ethik wirtschaftlichen Handelns, Bd. 3, Gütersloh, S. 211-231

Steinmann, Horst; Löhr, Albert (Hrsg.) (1991): Unternehmensethik, 2. Auflage, Stuttgart

Steinmann, Horst; Löhr, Albert (1988): Unternehmensethik. Eine realistische Idee. In: Schmalenbachs Zeitschrift für betriebswirtschaftliche Forschung, Jg. 40, H. 4, S. 299-317

Steinmann, Horst; Löhr, Albert (Hrsg.) (1994): Grundlagen der Unternehmensethik, 2. Auflage, Stuttgart

Steinmann, Horst; Oppenrieder, Bernd (1985): Brauchen wir eine Unternehmensethik? Ein thesenartiger Aufriß einzulösender Argumentationspflichten. In: Die Betriebswirtschaft, Jg. 45, H. 2, S. 170-183

Tanzi, Vito (1998): Corruption Around the World. Causes, Consequences, Scope and Cures, Washington D.C. (IMF Working Paper No. 98/63), http://www.imf.org/external/pubs/ft/wp/wp9863.pdf, 21. Juli 2000

Thielemann, Ulrich; Breuer, Markus (2000): Ethik zahlt sich langfristig aus – stimmt das? In: Forum Wirtschaftsethik, H. 2, http://www.kirchen.de/akademie/rs/referate/wsethik/heft2_00/inhalt.htm, 1. September 2000

Thommen, Jean-Paul (1996): Betrachtungen zum Verhältnis zwischen Betriebswirtschaftslehre und Unternehmensethik. In: *Nutzinger, Hans G.* (Hrsg.): Wirtschaftsethische Perspektiven. Unternehmensethik, Verteilungsprobleme, methodische Ansätze; Berlin (Schriften des Vereins für Socialpolitik, N.F. Bd. 228/III), S. 173-201

Ulrich, Peter (1987): Wirtschaftsethik und ökonomische Rationalität. Zur Grundlegung einer Vernunftethik des Wirtschaftens, St. Gallen (Beiträge und Berichte des IWE, Nr. 19)

Ulrich, Peter (1989): Diskursethik und Politische Ökonomie. In: *Bievert, Bernd; Held, Martin* (Hrsg.): Ethische Grundlagen der ökonomischen Theorie. Eigentum, Verträge, Institutionen; Frankfurt u.a., S. 70-99

Ulrich, Peter (1991): Betriebswirtschaftliche Rationalisierungskonzepte im Umbruch. Neue Chancen ethikbewußter Organisationsgestaltung. In: Die Unternehmung, Jg. 45, H. 3, S. 146-166

Ulrich, Peter (1993): Integrative Wirtschafts- und Unternehmensethik. Ein Rahmenkonzept, St. Gallen (Beiträge und Berichte des IWE, Nr. 55)

Ulrich, Peter (1994): Integrative Wirtschaftsethik als kritische Institutionenethik, St. Gallen (Beiträge und Berichte des IWE, Nr. 62)

Ulrich, Peter (1996): Unternehmensethik und Gewinnprinzip. Versuch der Klärung eines unerledigten wirtschaftsethischen Grundproblems. In: *Nutzinger, Hans G.* (Hrsg.): Wirtschaftsethische Perspektiven. Unternehmensethik, Verteilungsprobleme, methodische Ansätze; Berlin (Schriften des Vereins für Socialpolitik, N.F. Bd. 228/III), S. 137-171

Ulrich, Peter (1998): Integrative Economic Ethics. Towards a Conception of Socio-Economic Rationality, St. Gallen (Beiträge und Berichte des IWE, Nr. 82)

Ulrich, Peter; Thielemann, Ulrich (1992): Ethik und Erfolg. Unternehmensethische Denkmuster von Führungskräften. Eine empirische Studie, Bern u.a. (St. Gallener Beiträge zur Wirtschaftsethik, Bd. 6)

Ziegler, Jens (1998): Der Unternehmer. Seine Bedeutung und sein Ethos. In: Forum. Vortragsreihe des Instituts der Deutschen Wirtschaft Köln, Jg. 48, Nr. 4, 20. Januar, S. 1-4